자녀의 인생을 형통케 하는
자녀 축복 기도문

청우

2005년 8월 20일 초판 1쇄인쇄
2017년 7월 31일 초판 25쇄인쇄

지은이 / 구유선 외
펴낸이 / 윤순식
펴낸 곳/ 도서출판 청우
주문처 /열린 유통
등록번호 / 제 8-63호
주소 / 경기도 고양시 일산구 장항동 573-28
전화 / (031) 906-0011
팩스 / (031) 905-0288
cwpub@korea.com

값 10,000원
ISBN 89-85580-64-7 03320
잘못된 책은 바꿔드립니다.

자녀의 인생을 형통케 하는
자녀 축복 기도문

청우

CONTENTS

축복기도로 자녀들에게 비전을 심어줘라 _10

1. 우리 아이가 최고가 되는 영성 교육과 인성교육법
2. 그리스도 안에서 비전을 꿈꾸는 자녀는 절대 인생을 실패하지 않는다.

자녀를 성공으로 인도하는 축복기도
-지 · 정 · 의를 기초로 한 축복기도문

1. 리더십을 위한 기도 _31

좋은 친구를 사귀게 하소서_34
성공적인 언어생활이 되게 하소서_35
상대의 생각을 잘 이해하는 능력을 갖게 하소서_36
이기심을 버리게 하소서_37
형제, 자매간의 우애가 넘쳐나게 하소서_38
부모를 공경하게 하소서_39
용서하게 하소서_40
유머감각이 있게 하소서_41

사람을 섬기는 리더가 되게 하소서_42
명확한 판단력을 갖게 하소서_43
인화력을 갖게 하소서_44
생각을 잘 전달하고 설득력을 갖게 하소서_45
큰 뜻을 먼저 생각하게 하소서_46
사랑과 긍휼, 관용의 마음을 주소서_47
자기관리 능력을 주소서_48
개인보다는 공동체를 먼저 생각하게 하소서_49

이웃을 사랑하게 하소서_50
사람을 섬기게 하소서_51
예의 바르게 하소서_52
착한 삶을 살게 하소서_53
창의적인 삶을 살게 하소서_54
그리스도 안에서 형제와 자매를
사랑으로 섬기게 하소서_55
배려의 언어가 넘치게 하소서_56
두려움이 없게 하소서_57
선한 생각과 마음을 가지고
깊이 있는 삶을 살게 하소서_58
참을 줄 알게 하소서_59
진실하게 하옵소서_60
온유하게 하소서_61

자녀를 성공으로 인도하는 축복기도
2. 리더십을 위한 기도 _63

주님이 기뻐하시는 일에 열정을 갖게 하소서_68
상처의 쓴 뿌리들을 제거해 주소서_69
대범하게 하소서_70
절제할 줄 알게 하소서_71
영적 책임감을 갖게 하소서_72
무슨 일이든 책임감을 갖게 하소서_73
만남의 복을 주소서_76
좋은 공부습관을 갖게 하소서_77
뛰어난 기초학습능력을 갖게 하소서_78
정직한 영을 내려 주소서_79
집중력을 허락하소서_80
책 읽는 습관을 갖게 하소서_81
공부의 즐거움을 알게 하소서_82
지혜와 명철이 충만하게 하소서_83
창조적인 재능과 능력을 주소서_86
지식의 은사가 넘쳐나게 하소서_87
성실하신 주님을 닮게 하소서_90
성실한 사람이 되게 하소서_91
겸손하신 주님을 닮게 하소서_92
겸손한 자녀가 되게 하소서_93
예수님의 보혈로 정결케 하소서_94
청결한 자녀가 되게 하소서_95
범사에 감사하게 하소서_96
분별력이 있게 하소서_97

건강 관리를 할 줄 아는 지혜를 주소서_98

강건한 복을 주소서_99

이웃을 돕는 복을 주소서_102

시간관리를 잘하게 하소서_103

긍정적인 삶을 살게 하소서_104

소망을 품는 자 되게 하소서_105

생각이 푸르르게 하소서_108

잘못된 습관은 버리며 좋은 습관을 갖게 하소서_109

분노의 감정을 다스리게 하소서_110

재정 관리를 잘하게 하소서_111

하나님이 예비하신 배우자를 만나게 하소서_112

신실한 부부 관계를 이루게 하소서_113

결단력이 있게 하소서_115

창조적인 응용력과 집중력을 주소서_116

담대함과 평안함을 주소서_117

훌륭한 선생님과 선배를 만나게 하소서_120

열등감을 극복하게 하소서_121

물질의 축복을 주소서_122

존귀한 자녀 되게 하소서_123

기쁨이 충만하게 하소서_124

주님께 영광 돌리는 직업을 갖게 하소서_125

삶을 향한 열정이 넘치게 하소서_129

마음의 평안을 주소서_130

게으르지 말고 부지런하게 하소서_131

어려움 속에서도 낙심하지 않게 하소서_132

2. 자녀의 비전을 위한 기도 _135

하나님이 원하시는 비전을 꿈꾸는 자녀가 되게 하소

자신의 재능으로 하나님께 영광 돌리게 하소서_138

꿈과 비전을 위해 노력하게 하소서_139

세계를 위해 기도하는 자 되게 하소서_140

나라와 민족을 위해 쓰임 받게 하소서_141

복음의 사명을 알게 하소서_143

3부
자녀의 영적 도약을 위한 축복기도

1. 자녀의 영적 성숙을 위한 기도 _145

진심으로 용서하게 하소서_148

눈물기도의 용사가 되게 하소서_149

날마다 말씀을 묵상하게 하소서_150

찬양을 즐거워하게 하소서_151

교회를 즐거워하게 하소서_152

사단의 권세로부터 지켜주소서_153

성령 충만하게 하소서_154

죄의 유혹에 빠지지 않게 하소서_155

범사에 하나님을 인정하게 하소서_156

친구를 전도하는 자녀 되게 하소서_157

하나님을 경외하게 하소서_158

정직한 도구가 되게 하소서_159

정의롭게 하소서_160

분별의 복을 주소서_161 순종하게 하소서_162

모든 일에 감사가 넘치게 하소서_163

기쁨으로 충만하게 하소서_164

하나님께 영광돌리게 하소서_165

날마다 영적 도약을 이루게 하소서_166

배려와 섬김이 넘치게 하소서_167

신령과 진정으로 예배 드리게 하소서_170

항상 기도하게 하소서_171

선한 마음 갖게 하소서_173

육신의 약함을 극복하게 하소서_174

친밀감을 느끼게 하소서_175

주님의 뜻을 이루소서_176

하나님의 영광을 드러내는 직업을 갖게 하소서_177

사춘기를 잘 넘기게 하소서_178

인내를 통해 열매 맺게 하소서_179

죄로부터 자유함을 얻게 하소서_180

평강의 자녀가 되게 하소서_181

경건과 거룩함으로 무장하게 하소서_182

영적 은사를 주소서_183

주야로 말씀을 묵상하게 하소서_184

하나님 나라를 사모하게 하소서_185

십자가의 사랑을 체험하게 하소서_186

2. 믿음의 위인을 닮기를 소망하는 축복기도 _187

아브라함처럼 믿음으로 순종하게 하소서_190

요셉처럼 꿈꾸는 자가 되게 하소서_191

모세처럼 훌륭한 리더가 되게 하소서_192

다윗처럼 하나님을 찬양하게 하소서_193

사무엘처럼 주님의 음성을 듣게 하소서_194

요한처럼 주님을 사랑하게 하소서_195

사도 바울처럼 복음에 사로잡히게 하소서_196

베드로처럼 실패를 뛰어넘게 하소서_197

1. 영유아를 위한 축복기도

온유한 자녀로 자라게 하소서_203

태아가 건강하게 하소서_204

태아가 정상적으로 잘자라게 하소서_205

태아에게 평안을 허락하소서_206

무사히 잘 태어나게 하소서_207

축복된 탄생이 되게 하소서_210

엄마와 애착형성이 잘 이루어지게 하소서_211

면역력을 키워 주소서_212

온전히 성장하게 하소서_213

인지능력을 주소서_214

관계를 온전히 이루게 하소서_215

안전하게 지켜주시고 보호해 주소서_216

정서적인 평강을 누리게 하소서_217

좋은 식습관을 갖게 하소서_218

언어의 즐거움을 누리게 하소서_219

사랑을 온전히 표현하게 하소서_220

놀이공간을 즐거워 하게 하소서_221

2. 자녀를 위한 치유기도 _223

사람을 축복하는 입술이 되게 하소서(욕 잘하는 아이를 위한 치유기도)_228

땀의 가치를 귀하게 여기는 자녀가 되게 하소서 (게으른 아이를 위한 치유기도)_229

연약한 의지를 붙들어 주소서(인터넷 중독에 빠진 아이를 위한 치유기도)_230

아이의 마음을 활짝 열어주소서(자폐기질이 있는 아이를 위한 치유기도)_231

사람을 사랑하게 하소서(친구를 괴롭히는 아이를 위한 치유기도)_232

밝고 명랑하게 하소서(우울증에 걸린 아이를 위한 치유기도)_233

아이의 마음을 단련시켜 주소서
(부모의 이혼으로 힘들어 하는 아이를 위한 치유기도)_234

아픔을 딛고 승리하는 아이가 되게 하소서(성폭행을 당한 아이를 위한 치유기도)_235

영육의 강건한 복을 주소서_238

시련을 이겨내는 믿음을 주소서(가정폭력에 시달리는 아이를 위한 치유기도)_239

훔치는 마음을 고쳐 주소서(도벽이 있는 아이를 위한 치유기도)_240

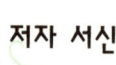
저자 서신

부모는 하나님의 축복을 자녀에게 시행하는 대리자입니다!

우리의 가정을 세우시는 분은 하나님이심을 믿습니다. 하나님은 가정을 세우시고 날마다 복을 주십니다. 이 사실을 믿는 부모라면, 결코 소홀히 해서는 안 될 것이 있습니다.

그것은 바로 기도입니다. 자녀의 미래는 부모의 기도를 통해 세워져 나갑니다. 기도는 자녀의 미래를 위한 가장 확실한 투자이며, 동시에 기도를 통해 보여줄 수 있는 하나님을 향한 믿음은 부모들이 자녀들에게 남겨줄 수 있는 최고의 유산입니다.

자녀를 위해 기도했다면 그 일들이 그대로 이루어질 것을 믿고 소망하며 기대해야 합니다. 하나님은 우리의 기대를 저버리지 않으시고, 이 모든 기도를 다 응답해 주실 것입니다.

자녀는 부모의 기도를 먹고 자라는 나무와 같습니다. 그 결실이 10년 후 혹은 20년 후에 이루어지기도 합니다. 기도의 결실을 보면서 많은 믿음의 부모들이 간증하며 그 간증을 통해 우리는 은혜를 받습니다. 그만큼 자녀를 위한 기도가 진심과 정성이 담긴 기도이기에 하나님께서 응답해 주시는 것입니다.

많은 분들이 자녀는 키우면 키울수록 힘이 든다는 말을 많이 듣곤 합니다. 그만큼 자녀는 주님이 창조하신 독립된 인격체로서의 자녀이기 때문입니다.

그렇기에 우리 마음대로 할 수가 없습니다. 자녀를 위해 날마다 애써서 축복기도 한다는 것은, 바로 자녀를 하나님의 독립된 자녀임을 인정하는 일이며, 하나님께서 이 자녀를 책임져 주실 것을 믿는 일이며, 육신을 덧입고 우리 부모를 통해 이 땅에 태어난 자녀에 대한 책임을 다하는 일입니다.

그 동안 기도의 힘을 철저히 믿고 체험하는 저희 저자들은 자녀가 잉태된 순간부터 지금까지 매일 축복기도를 해주고 있습니다.

'주님께서 ○○(이)에게 복을 주시고, ○○(이)를 지켜주시며, 주님께서 ○○(이)에게 은혜 베푸시기를 원하며, 주님께서 ○○(이)에게 평화를 주시기를 빕니다.'

이 책은 자녀의 영성교육과 인성교육을 기초로 쓰여진 기도문입니다. 양을 키워야 하는 일에 부름 받은 부모님들과 교회학교 선생님들, 사역자분들에게 "자녀의 미래를 위해 어떻게 기도해야 하는가"에 대한 좋은 안내자가 될 것입니다.

부모는 하나님의 축복을 자녀에게 시행하는 대리자입니다. 이 신성한 일에 이 책을 읽으시는 독자 여러분 모두를 초대합니다.

2005. 7 구유선 · 최규영

라인올드 니버의 기도문

하나님이여, 나에게 내가 변화시킬 수 없는 일에
대해서는 그것을 받아들일 수 있는 평정을 주시고,

내 힘으로 고칠 수 있는 일에 대해서는
그것을 고칠 수 있는 용기를 주시며,

그리고 이 두 가지 차이를 깨달아 살 수 있는
지혜를 허락해 주옵소서.

축복기도로
자녀들에게
비전을 심어줘라 _1부

기도는 생명의 다리

기도는 마음의 간절한
소원이다.
말은 하지만 표현할 수 없는
가슴에서 타오르는
보이지 않는 불의

용솟음이다.
기도는 탄식의 짐을 내려놓는
눈물의 폭포수이며,
하나님만이
가까이 계실 때
높은 곳을 우러르는 눈빛이다.

기도는 어린아이의 입술로 찾을 수 있는
가장 소박한 언어이며
기도는 가장 존엄한 곳에까지
이를 수 있는 가장
고귀한 노력이다.
기도 중에 성자들은

말과 행위와 마음에 있어서 한 사람으로 나타난다.
기도 속에서 그들은 하나님과 그 아들과 더불어
달콤한 교제를
나누리라.

기도는 사람의 의지만으로는 이루어질 수 없나니,
기도는 성령님이
탄원하시며
예수님이 영원한 보좌에서
죄인을 위하여 다리를 놓으시는 것.

오!
주여, 나는 당신을 힘입어 하나님께 이르나이다.
길이요 진리요 생명이신
주여!
기도의 길을 몸소 걸어가셨던
주여, 우리에게 기도할 바를 가르쳐
주소서!

–제임스 몽고메리의 〈기도란 무엇인가〉 전문

축복기도로
자녀들에게 비전을 심어줘라

구유선_동화작가

1. 우리 아이가 최고의 리더가 되는 영성교육과 인성교육법

> 너희는 먼저 그의 나라와 그의 의를 구하라
> 그리하면 이 모든 것을 너희에게 더하시리라 (마태복음 6 : 33)

똑똑해야만 리더가 될 수 있다는 생각 때문인지, 우리는 리더를 아주 똑똑한 사람으로 인식한다. 일부 똑똑한 사람들도 많이 있다. 하지만 우리 사회의 많은 리더들을 만나보면, 인격과 품성이 바르게 잡힌 사람들임을 알 수 있다. 오히려 똑똑한 사람보다는 이웃을 먼저 생각하고, 사랑과 정의를 위해 살려고 하는 사람들이 더 많이 우리 사회에서 리더의 위치에 있는 것을 보게 된다.

학교에서나 직장에서나 어디에서든 상대를 먼저 생각하고 배려하는 사람에게는 후한 점수를 준다. 하지만 똑똑하기만 하고 인격과 품성이 이기주의에 머물러 있는 사람들은 오히려 사람들로 하여금 배척을 당한다. 혹 똑똑하기만 한 사람이 리더가 된다 하더라도 리더로서 오래 견디지 못하고 낙오가 되는 것을 종종 본다.

요즈음 우리의 교육 현실이 인성이 다져진 아이를 길러내기보다 똑똑한 아이를 길러내는 데에 부모들과 선생들이 혈안이 되어 있다. 똑똑해야만 인생을 성공할 수 있다는 인식이 어디에서부터 성립된 것인지는 모르겠지만, 나는 그것에 동의할 수 없다. 지·정·의를 잘 겸비한 전인(全人)을 길러내는 것이 하나님의 교육 목적이다. 하나님께서 말씀하시는 성경적인 자녀 교육관은 바로 지·정·의뿐만 아니라 영성을 겸비한 자녀 양육이다.

그리고 하나님께서 쓰시고자 하는 사람들은 기본적으로 이와 같은 것들을 갖춘 사람들이다. 공부보다 더 중요한 영성과 인성, 자녀들이 어려서부터 훈련되고 학습되어야 하는 기본 자세이다. 이 자세가 우리 자녀들을 리더로 만든다는 사실이다.

부모의 기도를 먹고 자라는 아이로 키워라.

엄마들은 거의 매일같이 자녀에게 그 마음을 – 자녀의 학업, 자녀의 건강, 자녀의 미래, 자녀의 친구관계 등등 – 쏟지 않을 수가 없다.

그런데 부모들은 이 모든 일을 자신의 경험과 지식과 생각에 맞춰서 자녀를 리드하려고 한다. 어떤 부모들은 자식 잘 되라고 하는 마음을 내세우며 자식의 인생을 일거수 관여하는 부모도 있다. 또 어떤 부모들은 신앙이라는 이름을 내걸고 자식의 인생을 관여한다.

과연 부모들은 성령의 음성을 듣고, 성령님의 인도하심에 따라 자녀를 인도하는 좋은 목자가 되고 있는가. 부모들은 자식의 인생에 관여할 만큼의 전지전능한 신이 아닌 까닭에 연약한 자신의 존재를 주님께 내려놓고 자식을 위해 기도할 수밖에 없는 것이다. 자녀를 위해 아주 일상적인 기도라 할지라도 진심을 다한 기도는 주님께서 합당한 성령의 음성을 들려주신다.

매를 맞을 만큼 자녀가 잘못을 하였다고 하자. 그 순간 주님께 기도하는 사람은 감정대로 자녀에게 매를 들기보다 자녀에 왜 그랬는지에 대한 것을 물어보고 아주 이성적으로 자녀를 다룰 것이다. 하물며 어디에서든 자녀가 주님께서 원하시는 합당한 리더가 되기를 원하는 부모라면 기도를 드리는 행위는 기본이다.

특히나 자녀를 위한 축복기도는 더 말할 나위가 없다. 하루에 세 번은 아니더라도 하루에 한 번씩은 자녀의 비전과 건강, 자녀의 바른 영성과 인성교육을 위해 기도해야만 할 것이다. 어거스틴, 스펄전, 슈바이처, 허드슨 테일러, 링컨 등등 세기의 신앙 위인들은 모두 어머니의 기도를 먹고 자란 위인들이다. 이 위인들처럼 훌륭한 리더로 교육하기 위해서 부모들이 제일 먼저 해야 할 것은 바로 자녀를 위한 축복기도이다.

가슴이 따뜻한 아이로 키워라.

요즈음 아이들은 불쌍한 사람을 보면 불쌍히 여길 줄 아는 마음이 과거 우리 어렸을 때에 비해 참으로 부족한 듯하다. 교육 현실이 점점 왕따를 당해 자살을 했다거나, 학교 폭력이 늘어나고, 아이들의 문제는 사회문제가 되고 있다. 정말 우리의 자녀들을 마음 놓고 학교에 보내도 되는 것인지 걱정스러울 때가 있다. 교육현실이 왜 그렇게 살얼음판이 되었을까. 한 가지 분명한 것은 점점 똑똑이들만을 키워 내다 보니, 아이들이 자기만 사랑해 주기를 원한다는 점이다.

2001년, 북한과 한국의 이산가족이 상봉하는 상황들을 텔레비전에서 방송을 한 적이 많다. 수십 년 만에 만난 이산가족 눈물 때문에 텔레비전 앞에서 전국민이 눈에서 눈물을 흘리게 했다. 너무나 마음이 아파 눈물을 흘렸다는 이야기를 학원 학생들에게 말한 적이 있었다. 그런데 한 학생이 웃으면서 말하는 것이다.

"선생님, 왜 울어요?"

가슴이 아파 눈물을 흘렸다는 것에 대해 공감을 할 수 없다는 표정이었다. 다른 아이들까지 낄낄대고 웃으며 말했다.

"그게 슬퍼? 난 웃음만 나오던데……."

이 말을 듣는 순간, 가슴 아팠던 상황을 어떻게 공감이 가도록 설명해야 할지 몰랐다. '그냥 불쌍해서 울었는데…….' 아이들은 나의 감정을 전혀 이해할 수 없다는 얼굴들이었다. 물론 전쟁의 비참함과 헤어지는 아픔을 경험하지 못한 아이들에게 이산가족의 아픔이 공감대를 형성하지 못하는 코미디일 수 있다는 것은 이해하지만, 슬픈 것을 보면서 슬퍼할 줄 모르는 원초적인 감정들을 잊어가는 아이들을 보면서, 나는 이산가족의 슬픔보다 더 가슴 아프고 걱정스러웠다. 이렇듯 마음이 매마른 아이들이 컸을 때, 우리 사회가 어찌되어갈지, 지금보다도 더 많은 사회문제가 발생하지 않을까 하는 두려움이 들면서 새삼 아이들이 살아갈 이 나라가 걱정이었다.

성경에서 "무릇 지킬만한 것보다 더욱 네 마음을 지키라 생명의 근원이 이에서 남이니라"(잠언 4 : 23)고 말한다. 태초부터 하나님이 우리에게 주신 사랑과 자비, 온유, 화평과 용서, 양선 등 우리의 마음을 지키는 것만큼 중요한 일이 없다. 우리 사회가 선한 하나님의 마음들로 가득 차서 이 마음들을 전할 때 날마다 죄로 죽어가는 생명들이 새 생명을 얻는 것이다. 그런데 이 마음을 지키지 못하면 우리 마음에 악한 생각들로 가득 차게 된다.

불쌍히 여기는 원초적인 감정들을 잃어버렸다는 것은 바로 이 시대의 아이들이 점점 생각과 마음이 악의 영에게로 물들어 간다는 것이다. 악한 사단의 권세 속에서 자녀들을 보호하기 위해서 부모들이 날마다 자녀를 위해 기도하는 일은 참으로 아주 중요한 일이다. 그래야만 우리 자녀들이 무릇 마음을 지켜 가슴이 따뜻한 아이로 자랄 수 있다.

지는 것도 이기는 것이라는 것을 가르쳐 주어라.

우리 사회는 흔히 "최고가 되라" "일등해라"라는 말을 자주 하는데, 이 말은 무의식적으로 무엇인가를 실패하거나 지면 안 된다는 강박관념을 심어 준다. 그래서인지 아이들은 일등을 하지 못하면 심한 좌절감과 열등감에 빠지게 된다. 그런데 재미난 일은 일등만 한 아이가 커서 사회생활을 했을 때와 일등을 한 번도 해 보지 못한 아이가 커서 사회생활을 비교했을 때, 늘 일등만 한 아이가 더 사회생활에는 적응을 못하는 것을 볼 수 있다.

이것은 무엇을 말해주는가. 공부가 아이들의 인생 전체를 평가하지 않는다는 점이다. 어려서부터 잘한다는 말을 듣고 자라온 아이들은 자신을 인정해 주지 않는 주변의 분위기를 인정하지 못하고 결국은 비사회인으로 남는 경우를 자주 본다. 어려서부터 일등을 하는 것은 기분 좋은 일이지만, 꼴찌를 해보는 것도 그리 나쁜 일만은 아니다. 어려서 경험한 실패와 좌절이 자기 자신의 한계를 느끼게 하고 그로 인해 겸손을 배울 수 있다. 또한 누군가가 나보다 더 잘 할 수 있다는 것으로 인해 남을 인정하는 법을 배우게 된다.

서울대학교를 졸업한 50% 학생들이 학교를 졸업하면 준비하는 일이 무엇인가. 직장에 취직을 하기보다는 행정고시, 외무고시, 사법고시 등 고시를 선택한다. 서울대학교를 나온 후 나이 마흔이 될 때까지 집안의 가사는 부인에게 맡긴 채, 고시 공부를 10년 넘게 해오는 사람들을 자주 본다. 그런데 마흔이 넘어서까지 고시에 붙지 않아 그냥 백수가 되고만 사람들도 있다. 게다가 서울대학교를 나왔다는 것 때문에 선뜻 아무 일이나 하지도 못한다. 이렇듯 최고여야 한다는 강박관념이 고급백수를 키워 낸 것이다.

최고가 되지 않아도 우리는 직장에서, 가정에서, 교회에서, 어디에서든 우리에게 주어진 역할에 최선을 다함으로 사회에 기여할 수 있다. 우리의 자녀가 어디에서든 시간을 버리지 않고 성실히 사회적인 책임을 다하게 하는 길은 무엇이 있을까. 지는 게 바로 이기는 것이라는 사실을 가르쳐 주는 것이다. 그래야만 자녀들이 실패한 것을 인정하고 딛고 일어나 겸손히 다시 설 수 있는 것이다.

분별력과 지혜를 갖춘 자녀로 키워라.

요즈음 아이들은 인터넷과 게임, 영화 등에 무방비 상태로 열려 있다. 그래서인지 잔인한 폭력 장면이 나와도 눈 하나 깜짝 안하고 쳐다본다. 그만큼 악한 것을 즐기는 것이다. 우리를 창조하신 하나님께서 "여호와를 즐거워하라"고 말씀하셨는데, 아이들의 문화가 사단의 권세에 묶여, 악을 즐거워하는 문화로 변모되어 가고 있는 것이다.

이런 문화 속에서 우리 자녀들에게 심어 주어야 할 것이 무엇이 있을까. 성경에서는 "너희 중에 누구든지 지혜가 부족하거든 모든 사람에게 후히 주시고 꾸짖지 아니하시는 하나님께 구하라 그리하면 주시리라"(야고보서 1: 5)고 말씀하고 있다. 우리 부모들은 모두 자녀들에게 부족한 지혜를 달라고 간구해야 한다.

그렇다면 지혜라는 게 구체적으로 무엇이기에 주님께 받아야만 하는 것인가. 성경에서는 "집은 지혜로 말미암아 건축되고 명철로 말미암아 견고히 되며 또 방들은 지식으로 말미암아 각종 귀하고 아름다운 보배로 채우게 되느니라 지혜 있는 자는 강하고 지식 있는 자는 힘을 더하나니"(잠언 24 : 3-5절)라고 말씀한다.

지혜 있는 자는 강하다고 하였다. 지식이 지혜를 보조하면 힘을 더하는 것이기에, 자녀들은 어릴 적부터 지혜로 채워져야 한다. 그래야만 사단의 문화 속에서도 자녀가 죄를 짓지 아니하고 인생의 길을, 신앙을 굳건히 지켜가면서 살아갈 수 있다. 지혜를 얻는 것은 자녀들의 영과 육과 혼을 무장하는 전신갑주를 얻는 것이나 마찬가지이다. 지혜의 전신갑주를 입어야만 자녀들이 당당히 세상에 설 수 있다.

나눔과 양보가 생활화된 자녀로 키워라.

어느 초등학교에서 있었던 일이다. 반 아이들끼리 싸움이 났다. 준비물 때문이었다. 이유는 미술 준비물을 갖고 오지 않는 A란 아이가 준비물을 해 온 B란 아이의 물감을 뺏다시피 하여 썼다는 것이다. 화가 난 B는 A에게 주먹질을 했는데 A도 질세라 B의 얼굴에 주먹질을 하여 B의 치아 반쪽이 날아가 버렸다. 치아까지 부러졌으니 문제가 커지지 않을 수 없었다. 선생님이 동원되고 부모까지 동원되었다.

여기에서 겉보기에는 준비물을 뺏은 A가 문제인 것 같다. 준비물을 뺏긴 것도 속상한데 치아까지 부러졌으니 B의 입장에서는 억울하기 그지 없는 일이다. 하지만 이 싸움이 일어나게 된 이유는 B가 자신의 준비물을 A에게 빌려주지 않은 데서 일어났다. 그냥 쉽게 빌려주었으면 A가 B에게 고마워하고 좋은 친구 관계를 유지했을 터인데, 쉽게 나누고자 하지 않는 마음이 바로 싸움의 화근이었다.

이렇듯 요즈음의 아이들은 풍요로움에도 불구하고 서로가 서로에게 나눠줄 줄을 모른다. 많이 갖고 있으면 자연스레 나눠 주어야 하는데 더 욕심을 부릴 뿐이다.

가진 자가 가지지 못한 자에게 나누는 것은 성경적으로 당연한 일이다. 그런데 우리 사회는 가진 자는 더 가지려고 애를 쓰고, 못 가진 자는 여전히 못 갖는 빈익빈 부익부의 현상이 반복된다. 나눔과 양보가 없는 사회일수록 폭력과 거짓의 현상은 점점 심하다. 나눔과 양보가 생활화 되지 않으면, 언제나 그 가진 것을 뺏으려 하기 때문에 싸움이 끊이지 않다.

성경에서는 "그러므로 남에게 대접 받고자 하는 대로 너희도 남을 대접하라 이것이 율법이요 선지자니라"(마태복음 7 : 12)라고 말한다. 우리 자녀가 대접받기 위해서는 먼저 대접하는 자가 되라고 하나님은 말씀하신다. 대접하는 마음속에 사랑과 화평이 존재한다. 우리 자녀를 일평생 사랑과 화평 속에 살게 하고 싶은가. 지금부터라도 나눔과 양보하는 것을 생활화 된 아이로 훈련시켜야 한다.

진정한 용기와 정의를 아는 자녀로 키워라.

어른들은 아이들을 보고 흔히 영악하다는 표현을 많이 한다. 영악한 아이들은 자신의 이익과 편의에 따라 계산하여 행동한다. 이런 아이들은 커서도 똑같은 행동을 반복한다. 분명한 가치 기준과 진리를 향해 행동하는 것보다는 적당히 회색을 띠었다가 편의에 따라 움직이는 것이다. 왜 이렇게 행동하는 것인가. 그릇된 것에 대해 옳게 바로 잡아야 한다는 분명한 가치 기준이 없기 때문이다.

예수 그리스도를 믿는 우리들의 자녀들은 어떤가. 길이요 진리요 생명이신 예수를 알고 믿는다는 것은 분명한 가치 기준을 정립하는 일이며 확실한 기독교 세계관을 갖는 일이다.

하나님께서는 "너희는 먼저 그의 나라와 그의 의를 구하라 그리하면 이 모든 것을 너희에게 더하시리라"(마태복음 6 : 33)고 말씀하셨다. 자녀들에게 분명히 심어주어야 할 주님의 말씀이다. 하나님께서는 우리들의 자녀는 먹고 마시고 입는 일에 매달려 최선을 다하는 생활주의자를 원하시지 않는다. 바울처럼, 베드로처럼, 진리이신 하나님을 그리고 우리 삶의 정의들을 사명감을 갖고 외치기를 원하신다. 이 외침이 있어야만 하나님의 나라를 확장하는 일에 귀한 일꾼으로 삼으시는 것이다.

하나님의 나라를 믿는 자녀로 키워라.

하나님의 나라를 믿는다는 것은, 보이지 않지만 죽은 이후와 우리 삶에 현존하는 영원한 천국을 믿는다는 것이다. 천국을 믿지 않고 하나님을 믿는다면 이 또한 인본주의에 불과하다. 하나님의 나라가 있기에 우리가 영원한 삶을 살 수 있다는 것을 우리 자녀들이 믿도록 해야 한다. 그래야만 하나님이 현존, 살아계심을 더욱 구체적으로 믿을 수 있다.

성경에서는 "하나님의 나라는 먹는 것과 마시는 것이 아니요 오직 성령 안에서 의와 평강과 희락이라"(로마서 14 : 17)고 말한다. 천국의 삶은 먹고 마시는 것이 아닌 성령 안에서 의와 희락과 평강이라는 사실을 가르쳐 주고 천국의 삶을 누리는 것이 무엇인지 마음 속 깊이 심어 주어야 한다. 그래야만 자녀가 인생을 살다 죄 속에 빠져 힘들고 지쳤을 때, 다시 하나님을 바라보게 되므로 살아계신 주님과 함께 의와 희락과 평강이 가득한 천국의 삶을 살 수 있다.

2. 그리스도 안에서 비전을 꿈꾸는 자녀는 절대로 인생을 실패하지 않는다.

어른이나 아이나 그리스도를 만나면 그 때부터 '예수 그리스도를 위한 삶'으로 비전을 갖게 된다. 먹고 입고 마시고 하는 모든 행위가 예수 그리스도를 위한 것으로 변화하게 된다. 예수님은 "내가 진실로 진실로 이르노니 내 말을 듣고, 또 나 보내신 자를 믿는 자는 영생을 얻었고 심판에 이르지 아니하나니 사망에서 생명으로 옮겼느니라"(요한복음 5 : 24)라고 말씀하셨다. 예수를 만난다는 것은 바로 새 생명을 얻은 것이기 때문에 주님을 위한 비전을 갖지 않을 수 없다.

위에서 인성교육과 관련한 이야기들을 했다. 예수님을 위한 비전이 생겼다고 하여 자녀의 인성(人性)이 하루 아침에 달라지는 것은 아니다. 수많은 시간 동안 찬양과 기도와 말씀 등 훈련과 학습에 의해 다져지는 것임이 분명하다. 자녀의 비전 또한 저절로 생기는 것이 아니다.

성경에서는 "그런즉 너희가 먹든지 마시든지 무엇을 하든지 하나님의 영광을 위하여 하라"(고린도전서 10:31)고 말씀한다. 우리 자녀에게 주님의 말씀을 심어 주어야만 자녀가 자신의 현실 속에서 적용하게 된다. 나아가 부모는 모든 일을 살아계신 예수님이 주관하시는 일이라는 것을 생활 속에서 먼저 보여 주어야만 자녀는 비로소 "내가 무엇으로 하나님께 영광 돌릴 것인가"를 구체적으로 생각하고 고민하게 된다. 이 고민이 어려서부터 정립된 자녀는 공부를 해나갈 때 흔들림이 없다. 그리스도의 비전을 꿈꾸며 오직 정진해 나아가기만 하면 되는 것이다. 혹 실패한다 할지라도 하나님께서 우리의 자녀를 일으켜 세워

주시고 다시 앞으로 나아가게 하시기에 자녀의 인생이 절대 실패의 길을 가지 않는다는 사실이다.

부모는 매일 자녀의 꿈과 비전을 위해 기도해야 한다.
그리스도 안에서 비전을 꿈꾸는 자녀를 위해 부모들이 해야 할 일은 무엇이 있을까. 기도밖에 없다. 어느 어머니의 자녀를 위한 기도를 소개한다.

> 주여, 어린 당신의 자녀에게
> 하나님을 경외하는 마음을 허락하소서.
> 주여, 어린 당신의 자녀에게
> 하나님을 향한 비전을 허락하소서.
> 그리하여 당신의 자녀가
> 음산한 죽음의 골짜기를 지난다 할지라도
> 쉼을 얻고 새 힘을 공급받게 하옵소서.
> 나아가 한 단계씩 그리스도를 향해
> 전진하게 하옵소서.

자녀를 창조하신 하나님께서 우리 부모들보다도 그 자녀를 더 사랑하시기 때문에, 자녀의 꿈과 비전을 위한 부모들의 축복기도는 헛됨이 없다. 지금 그 기도가 이루어지지 않는다 할지라도 하나님께서는 그 기도를 잊지 아니하시고 하나님의 때에 그 기도를 들어주신다는 사실이다. 부모의 기도를 먹고 커 가는 자녀는 절대 인생을 실패하지 않는다는 것을 수많은 믿음의 부모들이 간증하고 있지 않은가. 날마다 자녀를 위해 기도를 심어야 한다. 먼 훗날 심은대로 거두리라.

자녀에게 신앙을 물려주는 것이 최고의 유산이다.

사람들은 흔히 자녀에게 재산을 유산으로 물려준다. 궁극에는 재산을 모두 잃고 대부분 허접 껍데기가 되고 마는 경우를 자주 본다.

성경에서 "너는 마음을 다하고 성품을 다하고 힘을 다하여 네 하나님 여호와를 사랑하라 오늘날 내가 네게 명하는 이 말씀을 너는 마음에 새기고 네 자녀에게 부지런히 가르치며 집에 앉았을 때에든지 길에 행할 때에든지 누웠을 때에든지 일어날 때에든지 말씀을 강론할 것이며"(신 6:5~7)라고 한다.

부모 된 자가 먼저 정성을 다해 하나님을 사랑하고 마음에 새겨 자녀에게 가르치고 강론하는 것이야말로, 우리 자녀에게 하나님을 향한 분명한 비전을 바라보게 하는 일이며, 나아가 자녀들의 삶이 하나님의 나라 속에 거하므로 의와 평강과 희락이 숨쉬는 삶을 살게 하는 것일 게다. 이렇듯 부모들은 신앙을 물려주는 것이 최고의 유산 임을 알아야 한다.

*위의 글은 두란노 〈큐티학습법〉의 저자인 구유선 선생님의 글입니다.

부모가 자녀를 위해 기도하는 소리를
아이들이 들을 필요가 있습니다.
아이들을 축복해 달라고
하늘의 능력으로 굳세고 바르게 살게 해 달라고
부모가 간절히 매달려 하는 기도의 소리들 말입니다.
그러면 아이들은 부모가 자신들의 세속적인 성공에만
관심이 있는 것이 아니라 자신들을 무한히 가치 있는 존재로
인정한다는 것을 깨닫게 될 것입니다.
바로 그것을 아는 것이 축복의 근원입니다.
아이가 넘어져서 무릎을 다치면, 울면서 부모에게 달려올 것입니다.
그러면 아이를 붙들고 먼저 기도해 주세요.
모든 상처는 하나님께 먼저 가져가는 것이 중요합니다.
그리고 나서 약을 바르고 반창고를 붙여도 절대로 늦지 않을 것입니다.

▷ 호프 플린치바흐, 『취학 전 아동을 위한 영성교육』 중에서

자녀들은 하나님이 주신 참으로 값진 선물입니다. 아이들을 위해 기도드림을 통해 하나님이 그들을 위해 계획하신 무한한 가능성의 문을 열어주는 것은 기도하는 부모의 특권입니다. 영적인 전쟁을 벌이는 가장 효과적인 방법 중의 하나는 성경의 말씀을 개인적으로 적용시키는 것입니다. 즉, 누군가를 위해 기도한다면 그 사람 이름을 부르면서 하나님의 말씀을 적용해서 중보기도를 올리는 것입니다.

▷ 퀸 셰러&루세인 갈록, 『영적 용사를 위한 기도 지침서』 중에서

아이들과 수시로 기도해 보세요.
식사 때만 기도하지 마시고
문제가 생기든지 무슨 특별한 일이 있으면
아이들과 반드시 함께 기도해 보세요.
집안에서, 자동차 안에서, 잠잘 때, 부엌에서,
전화로, 아이들과 기도해 보세요.

▷ 데이비드 클락, 『자녀 양육은 영웅들이나 하는 일은 아니다』 중에서

부모는 아이들에게
시간, 돈, 행동, 노력, 기도, 칭찬, 꿈을 쏟아 부으며
그들을 축복해 주어야 합니다.
그러면 성경에서 말씀하시는 '자녀들이 축복을 받았다고
부모에게 사례하는' 것과 같은 바로 그 영광이 부모에게
돌아올 것입니다(잠 31:28).

▷ 폴 포크너, 『바쁜 세상 가운데서도 믿음을 가진 아이로 키우기』 중에서

여러분이 기도의 능력을 진짜로 믿는다면, 모든 일들이 전부 다
기도에 기반을 두고 행해져야 할 것입니다. 여러분이 기독교인이라면
영적인 가치관과 믿음을 굳게 가지시기 바랍니다. 그러면 어려운
시기들을 이겨나가고 가정의 화목을 이룰 수 있는 가능성이
점점 더 높아질 것입니다.

▷ 게리 채프먼, 『가족의 인간관계를 위한 세상에서 가장 쉬운 지침서』 중에서

우리 아이들이 청소년기에 들어서면서 새삼 깨달은 것은
부모노릇을 제대로 한다는 것이
우리의 능력을 넘어서는 일이라는 것이었습니다.
그래서 더 많은 기도가 필요하다는 것을 깨닫게 되었습니다.
저는 청소년기의 자녀들과 함께 기도하기 시작했습니다.
그들의 친구, 선생님, 미래의 배우자, 혼자 설 수 있는 능력, 공부,
재능, 자존심, 지혜, 순결 등 할 수 있는 기도는 전부 다 했습니다.
왜냐하면 아이들과 함께 지낼 수 있는 시간이
6년밖에 남지 않았다는 절박감이 나를 몰아 붙였기 때문입니다.

▷ 조 화이트, 『자녀 양육에 관하여 부모가 알았으면 하고 아이들이 바라는 것들』 중에서

아무리 철저한 어머니라도 아이들을 항상 돌보고 있을 수는 없는
노릇입니다. 24시간 아이들과 함께 있을 수 없기 때문입니다.
그러나 하나님은 그렇게 하실 수 있습니다.
그러니 귀중한 아이들을 기도로 하나님께 맡기는 것은
당연한 일이 아니겠습니까?

▷ 캐롤 래드, 『적극적인 어머니의 능력』 중에서

자녀를 성공으로 인도하는 축복기도 _2부

1. 리더십을 위한 기도(1)

가족이 지니는 의미

가족이 지니는 의미는
그냥
단순한 사랑이 아니라,
지켜봐 주는 누군가가 거기 있다는 사실을
상대방에게
알려주는 것이라네. 어머니가 돌아가셨을 때
내가 가장 아쉬워했던 게 바로
그거였어.
소위 '정신적인 안정감'이 가장 아쉽더군.
가족이 거기서 나를
지켜봐 주고 있으리라는 것을
아는 것이 바로 '정신적인 안정감'이지.

▷ 미치 앨봄의 〈모리와 함께 한 화요일〉 중에서

부모와 자식의 거리

부모와 자식이 느끼는
그리움,
사이에는 엄청난 거리가 존재한다.
자식이 부모를 그리는 마음은
부모가 자식을
그리는 마음에 비할 상대가 되지 못한다.
왜 자식을 키워 보지 않으면 그 마음을
그토록 헤아리기 어려운 걸까.

▷ 미치 앨봄의 〈모리와 함께 한 화요일〉 중에서

좋은 친구를
사귀게 하소서

　우리에게 가장 좋은 친구이신 주님, 저희 ○○(이)에게 좋은 친구를 얻는 사귐의 복을 주소서. 학창시절 동안 주변에 주님과 동행하는 신실한 크리스천 친구들을 보내 주셔서 그들과 유익한 관계를 갖게 하소서. 함께 길을 가는 동반자요, 격려자로서의 좋은 친구를 만나게 하시고, 그와의 우정이 성실한 애정으로 지속되기를 원합니다. 특별히 악에게 물든 친구들은 멀리하게 하시고, ○○(이)가 헛된 세상 풍조에 휩싸이지 않게 하옵소서. 또한 학교에서 왕따 당하거나 일진회와 같은 폭력세력에 해로움을 당하지 않도록 주께서 보호하여 주시기를 원합니다.

　주님, ○○(이)에게 가장 좋은 친구는 주님이십니다. ○○(이)가 주님과 일생 아름다운 사귐을 갖게 하소서. 그래서 기도의 깊은 세계를 경험하게 하시고, 주위에 하나님을 잘 섬기는 믿음의 친구, 기도하는 친구, 의롭고 진실한 친구들을 사귀는 사람이 되어야 하겠습니다. 적극적으로 친구를 사귈 수 있는 마음도 주옵소서. 명랑하게 먼저 말을 건네는 아이로, 친구들을 리드할 수 있는 아이로 자라나게 하옵소서.
　예수님의 이름으로 기도합니다. 아멘.

친구란 온 세상 사람이 나를 버릴 때 제일 먼저 찾아오는 사람입니다.

많은 친구를 얻는 자는 해를 당하게 되거나 어떤 친구는 형제보다 친밀하니라 (잠 18:24)

성공적인
언어생활이
되게 하소서

우리에게 말의 권세와 축복을 주신 하나님, ○○(이)가 입의 열매로 인해 복을 누리게 하옵소서.

주님, ○○(이)에게 언어의 축복을 주셔서 성공적인 언어생활을 하게 하시고, 말 그대로 되는 삶을 살아가게 하옵소서. 하나님이 주신 언어는 ○○(이)를 복으로 이끄는 축복의 통로임을 믿습니다. ○○(이)에게 언어에 대한 탁월한 능력을 주옵소서. 마음에 있는 것을 언어로 잘 표현함으로 자신의 미래를 가꿔나가는 자가 되게 하옵소서.

주님, 작은 키가 큰 배를 통제할 만큼 영향력이 큰 것처럼 ○○(이)의 혀를 제어하여 주심으로 영향력 있는 언어를 사용하게 하옵소서. 그래서 연약한 심령을 일으켜 세우고, 환란 가운데 있는 자를 위로하며, 죽어가는 이들을 살리는 입술이 되게 하여 주옵소서.

주님, ○○(이)가 사람에게 상처를 주는 말보다는 은혜로운 말들을 많이 하는 자가 되게 하여 주옵소서. 주님, 자녀에게 사람들의 말과 의도를 잘 이해할 수 있는 지혜를 주옵소서. 예민한 귀를 주심으로 잘 알아듣게 하시고, 날카로운 표현력을 주심으로 복을 받는 인생이 되기를 원합니다. 예수님의 이름으로 기도합니다. 아멘.

성공하는 사람에게는 성공하는 언어가 있습니다.

지혜자의 입의 말은 은혜로우나 우매자의 입술은 자기를 삼키나니 그 입의 말의 시작은 우매요 끝은 광패니라 우매자는 말을 많이 하거니와 사람이 장래 일을 알지 못하나니 신후사를 알게 할 자가 누구이냐 (전 10:12-14)

상대의 생각을
이해하는 능력을 갖게 하소서

맑은 정신을 주시는 주님, 저희 ○○(이)에게 상대를 생각할 수 있는 은혜를 주옵소서. 사람들은 모두 자기 입장에서 세상을 바라봅니다. 내 맘에 들지 않으면, 뒤돌아 가 버리는 게 사람의 마음입니다. 금방 좋다가도, 제 마음에 들지 않으면 삐치고 싸우고 토라져 버립니다.

주님, 이러한 마음을 불쌍히 여겨주옵소서. 저희 ○○(이)에게 속히 이기주의에서 벗어날 수 있는 은혜를 주옵소서. 그리고 상대의 입장에서 상대를 볼 수 있는 능력을 주옵소서. 남의 입장에 자기 자신을 내려놓을 줄 아는 마음을 주옵소서. 상대를 진심으로 존중하는 마음을 갖게 하옵소서. 그래서 마음의 깊숙한 부분을 읽어낼 수 있는 능력을 주옵소서.

주님, 우리가 어떻게 사람의 생각을 알 수 있겠습니까? 주님이 알 수 있도록 지혜를 주옵소서. 그래서 상한 마음, 위로가 필요한 마음을 사랑으로 채울 수 있는 진정한 주님의 자녀가 되게 하옵소서.

예수님의 이름으로 기도합니다. 아멘.

사람의 마음을 읽는 비결은 내가 그 사람의 입장이 되어보는 것입니다.

서로 인자하게 하며 불쌍히 여기며 서로 용서하기를 하나님이 그리스도 안에서 너희를 용서하심과 같이 하라 (엡 4:32)

이기심을
버리게 하소서

사랑의 하나님, 저희 ○○(이)에게 이기적인 마음을 버리게 하옵소서. 주님을 위해 살고, 다른 사람을 사랑하고 선대하며 남의 유익을 구하는 아름다움이 있게 하옵소서. 그리고 다른 사람의 일을 돌아보며 심지어 자기를 희생하고 양보하는 마음 갖기를 원합니다. 주님, ○○(이)로 하여금 다른 이를 사랑하지 못하는 정죄와 시기하는 마음을 버리게 하여 주옵소서. 자기의 생각이나 주장이 반대되더라도 참을 수 있는 마음을 주옵소서.

지나친 우월주의에 빠짐으로 사람들이 자기를 우러러보고 존경하고 칭찬하기를 바라는 교만한 마음을 없이하여 주옵소서. 자기 도취에 빠져서 다른 사람이 자기보다 높아지는 것을 원하지 않고 자기만 더 높이 올라가기를 원하는 것이 철저한 악임을 깨닫게 하옵소서.

주님, ○○(이)가 자기를 사랑하듯, 다른 사람을 사랑하는 사람이 되게 하옵소서. ○○(이)에게 사려깊은 마음을 주셔서 방자함과 욕심으로부터 자신을 지킬 수 있도록 도와주시기를 원합니다.

예수님의 이름으로 기도합니다. 아멘.

이기심은 죄악의 뿌리입니다.

각각 자기 일을 돌아볼 뿐더러 또한 각각 다른 사람들의 일을 돌아보아 나의 기쁨이 충만케 하라 (빌 2:4)

형제, 자매간의 우애가
넘쳐나게 하소서

저희 가정에 ○○(이)들을 주신 하나님, 주님 안에서 한 가족이 되어 서로 사랑하고, 화목할 수 있게 하시니 감사드립니다. 형제간에 우애를 주시고, 자매간에 기쁨을 주심으로 항상 주님의 사랑이 넘쳐나게 하옵소서.

주님, 저희 ○○(이)들이 형제, 자매 간에 서로의 허물을 덮어주는 마음 갖게 하옵소서. 상대방의 입장을 더 많이 배려하는 성숙한 마음을 갖게 하옵소서.

무엇보다 ○○(이)들에게 하나님을 섬기는 열심을 주옵소서. 그들의 중심에 언제나 주님이 살아 계심으로 철저히 주님의 인도하심을 받는 가정이 되기를 원합니다. 그래서 자신보다 형제자매를 먼저 돌보며 어려움에 처할 때 아낌없이 서로를 도울 수 있게 하옵소서. 서로 불화하는 일을 막아 주시고, 설령 다툼이 있다 하더라도 기도를 통해 해결해 나가는 형제와 자매간이 되도록 축복하여 주옵소서.

예수님의 이름으로 기도합니다. 아멘.

화목은 인간 삶에 가장 보기 좋은 모습입니다.

우리 강한 자가 마땅히 연약한 자의 약점을 담당하고 자기를 기쁘게 하지 아니할 것이라 우리 각 사람이 이웃을 기쁘게 하되 선을 이루고 덕을 세우도록 할지니라 (롬 15:1-2)

부모를
공경하게 하소서

우리에게 가족을 주신 하나님, 저희 ○○(이)가 부모를 주신 하나님의 뜻을 바로 깨닫게 하옵소서. 부모의 권위는 하나님께 있음을 압니다. 그러기에 부모를 공경하는 것이 곧 하나님을 섬기는 숭고한 행위임을 알게 하여 주옵소서. 주님께서 말씀하신 대로 ○○(이)가 부모를 공경함으로 일생 땅에서 잘되고 장수하는 복을 누리게 하여 주옵소서.

주님, 부모의 권위를 실추시키는 사단의 미혹으로 자녀들의 마음이 삐뚤어지고 있습니다. 저희 ○○(이)에게 부모의 영적 권위를 알게 하셔서 어린아이 때는 무엇보다도 순종하고 존경하는 법을 배워 알게 하옵시고, 청소년과 청년의 때에는 부모의 부족함을 용납하고 감사하는 마음 자세를 갖게 하옵소서. 그리고 성인이 되어서는 부모의 영혼을 귀히 여기고, 영혼이 잘되도록 돌보아 드리는 것이 가장 큰 효도임을 알도록 도와주옵소서. 이 땅의 모든 자녀들이 작은 일이든 큰 일이든 부모님을 즐겁게 해 드리는 자녀가 되기를 원합니다.
예수님의 이름으로 기도합니다. 아멘.

하나님은 모든 곳에 계실 수가 없어 부모를 만드셨습니다.

네 부모를 공경하라 그리하면 네 하나님 여호와가 네게 준 땅에서 네 생명이 길리라 (출 20:12)

용서하게
하소서

인간의 모든 죄를 용서로써 해결하신 하나님!
ㅇㅇ(이) 또한 용서 받은 만큼 남을 용서하며 살아가는 자가 되게 하옵소서. 학교에서나 집에서 다툴 때 먼저 용서의 손을 내밀 수 있는 여유로움을 주시기 원합니다.
주님, ㅇㅇ(이)에게 갈등을 지혜롭게 풀어가며 다른 사람의 아픔을 이해하고 위로해 주며 서로 돕고 다독거릴 수 있는 넉넉한 마음을 주옵소서. 미움과 분노를 용서로써 풀어가는 지혜가 있게 하옵소서.

특히 복잡한 인간관계 속에서 용서함으로 마음의 자유를 만끽하며 살게 하시고, 사소한 일에도 정직하게, 의롭게 반응할 수 있도록 도와주옵소서. ㅇㅇ(이)의 마음을 축복하셔서 거기에 증오의 씨앗이 자라나지 않게 하옵소서.
또한 교만한 생각이나 다른 사람에 대한 짜증, 냉담한 마음, 분노, 질투, 무관심 속에서 온전한 자유를 느낄 수 있게 하옵소서. 친구들과 화목할 수 있도록 도우시며, 늘 친절하고 사랑이 넘치는 마음이 되어 삶을 행복하게 가꿔가는 큰 사람, 큰 마음을 가진 사람이 되게 하여 주옵소서.
예수님의 이름으로 기도합니다. 아멘.

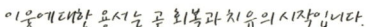
이웃에대한 용서는 곧 회복과 치유의 시작입니다.

너희가 마음을 같이하여 체휼하며 형제를 사랑하며 불쌍히 여기며 겸손하며 (벧 3:8)

유머감각이
있게 하소서

우리에게 웃을 수 있는 복을 주신 주님!

주님, ○○(이)의 마음이 웃음의 옹달샘이 되어 자신을 즐겁게 함과 동시에 만나는 모든 이들에게도 기쁨을 줄 수 있는 자녀가 되기를 원합니다. 인생을 살다보면, 웃을 일보다 울고 힘들어 할 때가 더욱 많을 줄 압니다. 그때마다 주님이 주시는 희락의 은혜로 새 힘을 얻고 웃음으로 승리하는 ○○(이)가 되게 하옵소서.

죽음의 문턱에 이른 사람도 ○○(이)의 웃음에 다시 힘을 얻고 기적처럼 일어설 수 있는 복을 ○○(이)가 계속해서 경험하게 하옵소서.

주님, ○○(이)가 행복하기 때문에 웃는 게 아니라 주님이 주시는 은혜의 힘 때문에 웃을 수 있는 은혜의 사람이 되게 하옵소서. 진심으로 기뻐함으로 행복한 삶을 일궈나가는 자녀가 되기를 원합니다. 다른 사람에게 행복한 웃음을 퍼트리는 '웃음 바이러스'가 되어 웃음의 분량만큼 행복한 삶을 만끽하게 하옵소서.

예수님의 이름으로 기도합니다. 아멘.

유머와 웃음은 복음의 시작입니다.

항상 기뻐하라 (살전 5:16)

사람을 섬기는
리더가 되게 하소서

사람을 지도자로 세우시는 하나님!

주님, 저희 ○○(이)에게 다른 사람들을 이끌 수 있는 리더십을 주옵소서. 탁월한 리더로 자라나 정치적으로나 사회적으로 영향력 있는 인물이 되게 하옵소서. ○○(이)로 하여금 그 좋은 본을 예수님으로 삼게 하옵소서. 주님이 우리의 부족함을 감싸주셨듯이 ○○(이)도 사람들의 허물과 연약함을 담당해 줄 수 있는 넓은 마음을 갖기 원합니다.

훌륭한 교사가 된다면, 학생들을 위해 눈물로 기도하며 가르치는 교사가 되게 하옵소서. 능력있는 기업가가 된다면, 직원들을 자기가 먼저 섬기고 희생함으로 이끌어가게 하옵소서.

주님, ○○(이)가 어느 환경, 어느 위치에 있든지 사람을 이용가치로 보려는 유혹에서 멀리하게 하옵소서. 자신이 편하기 위해 희생을 강요하는 어리석은 리더가 아니라 진정으로 주님의 마음을 가지고 상대를 섬기므로 세워주는 리더가 되기를 원합니다. 사람의 가치를 인격 그 자체에 두고 매사에 모범을 보임으로 아랫사람들을 이끌어가는 리더가 되게 하옵소서. 특히 자신이 먼저 본을 보이는 성실함을 끊임없이 간직하여 언제 어디에서나 신뢰 받는 리더가 되기를 원합니다.

예수님의 이름으로 기도합니다. 아멘.

리더는 희생으로 자기를 세워가는 자입니다.

 누구든지 자기의 유익을 구치 말고 남의 유익을 구하라 (고전 10:24)

명확한 판단력을
갖게 하소서

솔로몬을 지도자로 세우신 하나님, 저희 ○○(이)에게도 솔로몬과 같은 지혜와 총명함을 주셔서 모든 일을 바르게 판단하고, 바르게 해 나갈 수 있기를 원합니다.

주님, ○○(이)의 마음이 견고해지기를 원합니다. 주님이 주시는 지혜의 힘으로 세상을 살아나가게 하옵소서. 무엇보다 그 마음에 선과 악에 대한 바른 판단력을 주시기를 원합니다. 그래서 친구들과 놀면서 죄의 자리에 유혹 받을 때 "안된다"라고 분명하게 자신의 의사를 표현하는 자가 되게 하옵소서. 언제나 하나님이 판단의 중심이 되어 의로운 삶을 살아나가게 하옵소서.

주님, ○○(이)가 사람들과 만남 속에서 분명한 기준을 제시할 수 있는 자가 되게 하소서. 명확한 판단력을 주셔서 다른 사람들을 이끌 수 있는 리더십을 주옵소서. 학교에서 감투를 쓰기 위해 애쓰기보다는 오히려 친구들에게 선한 도리를 제시하기 위해 노력하는 자로 있게 하옵소서. 사람의 눈치나 금전의 이익에 눈멀게 하시고, 하나님이 늘 판단의 근거가 됨으로 복된 인생을 살아가는 자가 되기를 원합니다.

예수님의 이름으로 기도합니다. 아멘.

바른 판단력의 기준은 바로 예수님입니다.

하나님이 솔로몬에게 지혜와 총명을 심히 많이 주시고 또 넓은 마음을 주시되 바닷가의 모래같이 하시니 솔로몬의 지혜가 동양 모든 사람의 지혜 와 애굽의 모든 지혜보다 뛰어난지라 (왕상 4:29-30)

인화력을
갖게 하소서

우주 만물을 조화롭게 만드신 하나님!

주님, 저희 ○○(이)에게 사람과의 사귐에 민첩함을 주옵소서. 다윗과 같이 환란 당한 자나 어려움 가운데 있는 자들의 진정한 친구가 되게 하시고, 사람들의 실수에 동정심을 갖고 위로할 수 있는 자가 되기를 원합니다.

○○(이)가 인생을 살아가는 동안 만나게 될 수많은 사람들과 좋은 관계를 맺게 하소서. ○○(이)의 인생에 사람을 통한 복이 끊이지 않게 하시고, 늘 사람을 소중히 여기는 자로 있게 하옵소서. 주님이 주시는 리더십을 가지고 다툼이 있는 곳에 화평을 선포하며, 미움이 있는 곳에 사랑을 전하는 자로 일생을 아름답게 살게 하옵소서. 학창시절 동안 신실한 친구들이 넘쳐나며, 사교적이며 인화를 중시하고 참을성이 많은 복을 누리게 하옵소서. 그리고 다른 사람들의 생각이나 의견에 진지한 관심을 가지고 공동선을 위하여 사명을 다하게 하옵소서.

예수님의 이름으로 기도합니다. 아멘.

사람은 벽돌과 같아서 사랑의 힘으로 서로가 서로에게 지어져 갑니다.

하나님을 사랑하는 자, 곧 그 뜻대로 부르심을 입은 자들에게는 모든 것이 합력하여 선을 이루느니라 (롬 8:28)

생각을 잘 전달하고
설득력을 갖게 하소서

　인간을 만드신 하나님, 저희 ○○(이)에게 언어의 축복을 주옵소서. 자신의 생각을 잘 전달하고 설득하는 힘을 지닌 아이로 자라나 말로써 다른 사람들을 이끌 수 있게 하옵소서. 주님의 말씀이 능력이듯 주님이 주시는 입술의 권세로 남을 지도할 수 있기 원합니다. 말의 탁월함과 말의 능력을 지닌 자가 되어 연약한 자를 돕고 절망에 빠진 자를 일으켜 세울 수 있는 지도력을 주옵소서.

　주님, 무엇보다 ○○(이)에게 강한 설득력을 주옵소서. 누구를 만나든 그 사람의 삶에 영향력을 미칠 수 있는 능력을 주옵소서. 그 과정에서 논쟁을 피하게 하시고 상대방의 의견에 경의를 표하는 예의를 겸비하게 하옵소서. 아름다운 언어를 사용함으로 친구들에게 인기 있는 존재가 되게 하시고 살아가면서 말로 사람을 위로하고 세워 주는 삶을 살게 하옵소서. 주님, ○○(이)에게 마음의 겸손함을 주셔서 자신을 낮추고 자신의 실수를 인정하고 솔직히 대화하는 자세를 주옵소서. 그것이 ○○(이)로 하여금 성공적인 인생을 살아가는 재산이 되기를 원합니다.
　예수님의 이름으로 기도합니다. 아멘.

상대방을 설득할 수 있는 기술은 돈으로 환산할 수 없는 천문학적 가치를 발휘합니다.
경우에 합당한 말은 아로새긴 은 쟁반에 금 사과니라 (잠 25:11)

큰 뜻을 먼저
생각하게 하소서

　주님, 저희 ○○(이)에게 하나님의 뜻을 품을 수 있는 마음을 주옵소서. 언제나 하나님이 최우선이 되기를 원하며 그것이 ○○(이)의 목표와 가치가 되기를 원합니다. 인생을 크게 살고, 크게 걸으며, 크게 움직여 나갈 수 있게 하옵소서. 마음을 크게 넓혀 주셔서 모험을 하고 도전함으로 큰 뜻을 이루는 자가 되기를 원합니다.

　비전은 작은 성공을 큰 성공으로 만드는 힘이 있음을 믿습니다. 주님, 평생을 헌신할 수 있는 비전을 갖게 하옵소서. 특별히 ○○(이)에게 큰 꿈과 비전을 심어주시고 역사의 주역으로 살아가게 하옵소서. 예수님의 큰 꿈을 성취하는 일에 쓰임받는 주인공으로 선택하시고 불러 주옵소서.

　큰 뜻을 이루기 위해서 공부에 열심을 내게 하시고, 좋은 스승과 선후배를 만나게 하옵소서. ○○(이)의 주변에 큰 뜻을 품을 사람들을 허락해 주셔서 삶의 지경을 넓혀나가게 하옵소서. 가만히 앉아 허황된 꿈만 꾸는 자가 되지 말게 하시고 자신에게 주어진 하루하루를 성실하게 살아가게 하옵소서. 날마다 자신이 세운 비전을 새롭게 품고 현실을 개척해 나가는 힘 또한 주옵소서.
　예수님의 이름으로 기도합니다. 아멘.

우리는 마음의 크기만큼 성장합니다.

너희는 이 세대를 본받지 말고 오직 마음을 새롭게 함으로 변화를 받아 하나님의 선하시고 기뻐하시고 온전하신 뜻이 무엇인지 분별하도록 하라 (롬 12:2)

사랑과 긍휼,
관용의 마음을 주소서

　우리의 행위와 상관없이 우리를 믿어주시는 주님, ○○(이)의 마음에 다른 사람들을 용서하고 품는 관용의 마음이 넘쳐나게 하옵소서. 긍휼의 마음이 가득 차서 많은 사람들을 품고 그들의 심신을 위로해줄 수 있는 자 되게 하여 주옵소서. 긍휼로 넓어진 마음과 누구든지 관용할 수 있는 너그러움을 가진 큰 사람이 되기를 원합니다. 그래서 자녀에게 좌절을 안겨주고 고통을 안겨주는 사람까지도 품어내며, 자녀를 욕하고 고통을 주고 좌절시키는 사람까지도 가슴에 품을 수 있는 여유를 주옵소서.

　주님, 이것은 하나님의 크신 은혜로만이 되어질 수 있습니다. 도와주옵소서. 저희 ○○(이)에게 형제를 불쌍히 여길 수 있는 마음이 불길이 일 듯 일어나게 하옵소서. 비록 그 과정에서 속임을 당하거나 손해를 보더라도 금방 털고 일어나 성실히 길을 가는 자가 되게 하옵소서. 마치 어린아이가 부모를 신뢰하듯 자녀에게 주님을 신뢰하는 마음 주셔서 속이는 세상에서도 견고히 자라나게 하옵소서. ○○(이)에게 주님을 신뢰함으로 남도 신뢰할 수 있다는 교훈이 인생의 좌우명이 되게 하옵소서.
　예수님의 이름으로 기도합니다. 아멘.

상대방을 인정하는 태도에서 관용의 아름다움은 시작합니다.
너희 관용을 모든 사람에게 알게 하라 주께서 가까우시니라 (빌 4:5)

자기관리
능력을 주소서

우리를 능력으로 돌봐주시는 하나님!
저희 ○○(이)에게 자신을 관리할 수 있는 능력을 주소서. 무엇보다 자기 자신을 잘 다듬고 키워나가는 지혜로움이 있기를 원합니다. 삶의 목표를 바르게 정하게 하시고 성실함으로 그것을 이뤄나가게 하소서. 지혜롭게 꿈을 관리해 가는 능력있는 사람이 되기를 원합니다.

하나님, 갈수록 잘 훈련된 지도자, 리더가 필요한 시대가 되어 갑니다. ○○(이)에게 바른 신앙훈련을 받게 하셔서 하나님의 말씀과 기도의 터 위에 견고히 서게 하옵소서. 그리고 그 터 위에 더 확실한 비전을 세우고 성실함과 지혜로움을 통해 그것을 키워나가는 자가 되기를 원합니다. ○○(이)의 미래를 위해 관리되어야 할 것들이 많습니다. 어학 능력과 기독교 세계관, 준법정신, 사회관, 건강한 인격 등으로 무장하게 하시고 도와주시는 주님의 은혜로 지혜가 자라게 하옵소서. 그래서 나라와 민족을 위해 크게 쓰임 받는 자가 되기를 원합니다.
예수님의 이름으로 기도합니다. 아멘.

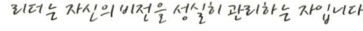

모든 지킬 만한 것 중에 더욱 네 마음을 지키라 생명의 근원이 이에서 남이니라 (잠 4:23)

개인보다는 공동체를 먼저
생각하게 하소서

언제나 우리를 지켜주시는 주님, 은혜에 감사를 드립니다. 이 시간 저희 ○○(이)를 위해 기도합니다. 주님, 자기를 위해 살기에만 급급하기보다 다른 사람들을 먼저 생각하고, 그들을 헌신적으로 도울 수 있는 마음을 주옵소서. 학교에서 말을 할 때도 전체의 유익을 대변하는 자가 되게 하시고, 사람들이 모인 공동체 속에서도 여러 사람의 이익을 위해 뛰는 자가 되게 하옵소서.

주님, 세상은 사람들과의 관계로 살찌워 갑니다. 세상을 살아가는 ○○(이)의 마음이 옹졸하거나 인색하지 말게 하옵소서. 늘 서로 나누고, 함께 하고, 어려운 자를 돕는 데 책임감을 갖고 임하는 자 되게 하옵소서. 주님의 사랑은 자기의 유익보다 공동체 전체의 유익을 구하는 것임을 압니다. 저희 ○○(이)가 사랑의 마음으로 더 많은 사람들에게 유익을 주며, 더 많은 사람들을 이끌 수 있는 지도력을 주옵소서. 모세에게 주신 큰 마음을 저희 ○○(이)에게도 주셔서 사람들을 자연스럽게 하나님의 품으로 인도하는 자가 되게 하옵소서.

예수님의 이름으로 기도합니다. 아멘.

리더는 남을 자기처럼 여기며 돌봐주는 자입니다.

선한 행실의 증거가 있어 혹은 자녀를 양육하며 혹은 나그네를 대접하며 혹은 성도들의 발을 씻으며 혹은 환난 당한 자들을 구제하며 혹은 모든 선한 일을 행한 자라야 할 것이요 (딤전 5:10)

이웃을
사랑하게 하소서

    우리를 사랑해 주시는 하나님, 저희 ○○(이)의 생각을 넓혀 주옵소서. 자녀로 하여금 교만과 아집을 버리게 하시고 인자와 온유로 옷 입게 하옵소서. 사람들의 마음이 얼어갈 때 그 마음을 사랑으로 녹일 수 있는 따스함이 있는 자녀로 살게 하옵소서. 사람들의 마음이 닫혀질 때 그 마음을 이해하는 마음으로 녹일 수 있는 자녀로 살게 하옵소서. 자기가 편하자고 친구들의 돈을 서슴없이 빼앗는 세대에 자신보다 이웃을 먼저 생각하게 하시고, 사람들의 생각이 욕심에 찌들 때, 자신의 지갑을 열어 나눠줌으로 마음의 부요함을 누리는 ○○(이)가 되기를 원합니다. 생각과 마음이 사랑이 충만한 자녀로 자라나 이웃에게 양보와 관용을 베풀 수 있게 되기를 원합니다.
    예수님의 이름으로 기도합니다. 아멘.

리더는 생각의 출발점을 나에게서 상대방으로 재빨리 옮기는 자입니다.

모든 것이 가하나 모든 것이 유익한 것이 아니요 모든 것이 가하나 모든 것이 덕을 세우는 것이 아니니 누구든지 자기의 유익을 구치 말고 남의 유익을 구하라 (고전 10:23-24)

사람을
섬기게 하소서

우리를 자신처럼 섬겨 주시는 주님!

주님, 세상의 리더는 섬김을 강요하지만, 주님의 리더는 섬김의 모범을 보입니다. 저희 자녀가 생각을 높은 데 두지 말게 하옵소서. 언제나 자신을 낮추어 섬기고자 했던 바울의 심정을 닮게 하옵소서. 지체된 이들을 섬김에 있어서 온전한 겸손과 사랑으로 행하게 하옵소서. 무엇보다 다른 사람을 소중히 여기는 자녀가 되게 하옵소서.

공부를 잘하게 해주옵소서. 그러나 자기를 드러내는 공부가 되지 말게 하시고, 다른 이를 섬기기 위한 공부가 되게 하옵소서. 공부가 다른 사람들을 억압하기 위한 수단이 되지 말게 하시고, 섬기기 위한 자질이 되게 하옵소서. 좋은 학교, 좋은 대학, 좋은 직장을 다닌다고 거들먹거리지 말게 하옵소서. 그 은혜가 모두 하나님으로부터 왔음을 인정하게 하시고, 주님처럼 섬기는 자로 살게 하옵소서.

주님, 사람을 섬기기 위한 목표, 잘 섬기기 위한 노력이 되게 하옵소서. 섬기라고 주신 주님의 복이 도리어 자신에게 재앙이 되지 않도록 채찍질하여 주옵소서. 예수님의 이름으로 기도합니다. 아멘.

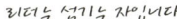

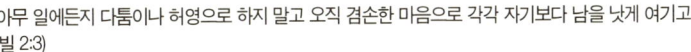

아무 일에든지 다툼이나 허영으로 하지 말고 오직 겸손한 마음으로 각각 자기보다 남을 낫게 여기고 (빌 2:3)

예의 바르게
하소서

　주님, 이 시간 저희 ○○(이)를 위해 축복합니다. ○○(이)의 인간성이 올바르게 자라나도록 인도하여 주옵소서. 먼저 예의 바른 인간이 되게 하옵소서. 주님, 자녀의 마음속에 버릇없는 마음들을 제거하여 주셔서 윗사람들을 바르게 섬기게 하옵소서. 어른을 만나면 인사 잘하고, 부모에게 순종하는 자로 자라나게 하옵소서. 바른 예절로 살아가는 것을 비웃는 세상에 저희 ○○(이)가 물들지 않게 하셔서 하나님을 존중하고, 도덕과 법, 질서를 잘 지키고, 인간을 존중하는 자녀가 되게 하옵소서.
　저희 ○○(이)의 속사람이 합당한 예절로 넘쳐나게 하시며, 주님의 은혜로 주님을 닮아 바르게 살게 하옵소서.
　예수님의 이름으로 기도드립니다. 아멘.

그리스도인은 바른 예절로 말하는 자입니다.
너희가 주 안에서 성도들의 합당한 예절로 그를 영접하고 무엇이든지 그에게 소용되는 바를 도와 줄지니 (롬 16:2)

착한 삶을
살게 하소서

이 시간 선하신 주님의 이름으로 자녀를 축복합니다.

주님, 주님께서는 욕심꾸러기 같은 세상에 빛으로 오셔서 우리를 선하고 착한 길로 인도하심을 믿습니다.

주님, 저희 ○○(이)에게 주님의 착하신 성품을 부어 주옵소서. 주님이 세상의 빛이신 것처럼, ○○(이)의 삶 또한 빛이 되게 하옵소서. ○○(이)의 마음을 선한 등불이 되게 하시어 욕심에 찌든 이들에게 주님의 향기를 발하는 자가 되게 하옵소서. 그래서 그 눈이 소외되고 불우한 이웃의 아픔을 보는 눈이 되게 하옵소서. 그 입이 지친 이들을 따스하게 위로하는 입이 되게 하옵소서. 그 손이 섬기고 도와주는 손이 되게 하옵소서.

주님, 주님을 본받아 이웃을 사랑하고 도와주는 착한 자로 살게 하옵소서. 자녀의 인생이 착한 생명의 나무가 되어 날마다 복된 열매를 맺게 하옵소서. 그리고 ○○(이)의 삶을 통해 착하신 주님이 풍성하게 드러나게 하옵소서.

예수님의 이름으로 기도드립니다. 아멘.

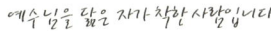
예수님을 닮은 자가 착한 사람입니다.

이같이 너희 빛을 사람 앞에 비취게 하여 저희로 너희 착한 행실을 보고 하늘에 계신 너희 아버지께 영광을 돌리게 하라 (마 5:16)

창의적인
삶을 살게 하소서

　세상의 모든 것을 아름답게 창조하신 하나님!
　이 아름다운 세상에서 우리 ○○(이)를 살게 하심을 감사드립니다.
　주님의 크신 은총으로 저희 ○○(이)를 축복하여 주옵소서. ○○(이)에게 사물을 알고 생각하고 판단하는 갑절의 능력을 주옵소서. 주님의 창조적인 능력이 저희 ○○(이)의 지성을 풍요롭게 함으로 생각의 깊이를 더해 주시고, 그 넓이와 깊이가 넓어져서 수많은 것들을 만들어 낼 수 있게 하옵소서. 무엇보다 창의력이 푸르른 자가 되게 하셔서 새로운 의견을 생각해 내는 탁월한 능력을 주옵소서. 매사에 아이디어가 넘쳐나게 하시고, 생각의 폭이 크게 자라나 그 마음 안에 품은 호기심이 창조적인 일들로 열매를 맺게 하옵소서.

　만화를 보든, 컴퓨터를 하든, 책을 읽든, 이 모든 것에서 뛰어난 관찰력을 주시고 새로운 의견을 생각해 내는 지혜로움을 주옵소서. 나이를 뛰어넘는 명석함과 비상한 창의력, 원숙한 영혼의 눈으로 세상을 바라보게 하옵소서. 주님이 주신 지혜를 활용하여 교회와 나라를 크게 이롭게 하는 자녀가 되게 하옵소서.
　예수님의 이름으로 기도드립니다. 아멘.

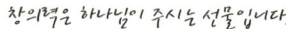
창의력은 하나님이 주시는 선물입니다.

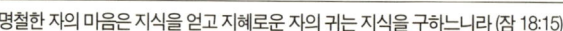
명철한 자의 마음은 지식을 얻고 지혜로운 자의 귀는 지식을 구하느니라 (잠 18:15)

그리스도 안에서
형제 자매를
사랑으로 섬기게 하소서

사랑의 하나님, 우리에게 사랑을 선물로 주심에 감사드립니다.
주님, 우리 ○○(이)가 자라날 환경이 갈수록 메말라 가고 있습니다. 이럴수록 우리 ○○(이)의 마음이 더욱 너그러워지게 하여 주옵소서. 교회 안에서 형제자매를 서로 용서하고 서로 이해하며, 서로 사랑으로 섬길 줄 아는 자 되게 하옵소서.

주님의 말씀대로 저희 ○○(이)에게 사랑의 은사를 부어주옵소서. 형제를 사랑하는 것이 곧 하나님을 사랑하는 것임을 ○○(이)가 알게 하옵소서. 사랑의 폭을 넓혀 이웃 교회와 학교, 학원 등 만나는 모든 관계들을 사랑 안에서 만나게 하옵소서. 다투었을 때 먼저 사과하고 먼저 희생하고, 먼저 섬기며 양보함으로 좋은 인간관계를 맺게 하옵소서.
예수님의 이름으로 기도합니다. 아멘.

형제를 사랑하는 것이 곧 하나님을 사랑하는 것입니다.

형제를 사랑하여 서로 우애하고 존경하기를 서로 먼저 하며 (롬 12:10)

배려의 언어가
넘치게 하소서

　우리의 부족함을 이해해 주시는 하나님, 저희 ○○(이)에게 이기적인 마음을 버릴 수 있는 은총을 내려 주옵소서.
　주님, ○○(이)에게 인정을 베푸는 넉넉한 마음을 주옵소서. 욕심을 위하여 심하게 투정을 부리거나 생떼를 쓰는 악이 자라가지 않게 도와주옵소서. 자신의 이익을 보장받기 위해 남을 무시하지 말게 하시고, 잘못을 했을 때 진심으로 사과하는 자가 되게 하옵소서.

　○○(이)의 입가에 복을 주시사 "미안합니다." "고맙습니다.", "제가 도와드릴까요." 하는 배려의 언어들이 넘쳐나게 하옵소서. 학교에서 친구들과 놀 때도 선한 사마리아인의 마음을 가져 친구들에게 희망을 주며, 칭찬과 격려를 아끼지 않는 자 되게 하옵소서. ○○(이)가 공공장소에서 큰소리 지르지 않게 하시고, 음식점 등에서 주위 사람들을 먼저 생각하게 하옵소서.
　예수님의 이름으로 기도합니다. 아멘.

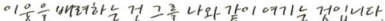

이웃을 배려하는 건 그를 나와 같이 여기는 것입니다.
　그 이웃을 업신여기는 자는 죄를 범하는 자요 빈곤한 자를 불쌍히 여기는 자는 복이 있는 자니라 (잠 14:21)

두려움이
없게 하소서

　믿는 자를 친구처럼 도우시는 하나님, ○○(이)의 마음에 축복해 주셔서 두려움 없이 강하고 담대하게 하옵시고, 언제나 주님의 평강이 넘쳐나게 하옵소서.
　때로는 공부에 대한 부담감, 성공해야 한다는 마음 때문에 불안해할 때 주님이 그 마음을 붙들어 주셔서 좌절의 먹구름이 ○○(이)를 주장하지 못하게 하옵소서.

　주님, 저희 ○○(이)에게 강한 믿음과 결단력을 주셔서 삶의 어려운 순간에도 두려움을 이기게 하시고, 하나님의 도우심을 신뢰하며 소망을 잃지 않으며 살아갈 수 있는 은혜를 내려 주옵소서.
　하나님은 ○○(이)의 영원한 피난처이시며, 환난 날에 만날 큰 도움임을 삶으로 경험하는 자가 되게 하옵소서.
　예수님의 이름으로 기도합니다. 아멘.

하나님을 부르는 자에게 두려움은 종이호랑이와 같습니다.

두려워 말라 내가 너와 함께 함이니라 놀라지 말라 나는 네 하나님이 됨이니라 내가 너를 굳게 하리라 참으로 너를 도와 주리라 참으로 나의 의로운 오른손으로 너를 붙들리라 (사 41:10)

선한 생각과 마음을 가지고
깊이 있는
삶을 살게 하소서

우리 마음의 중심을 아시는 주님, ○○(이)에게 선한 생각과 마음을 가질 수 있는 복을 허락해 주옵소서. 매사에 긍정적이게 하시고, 어려서부터 생각이 푸르른 아이로 자라나게 하옵소서. 주님, ○○(이)의 생각 속에 남을 사랑하는 마음 넘쳐나게 하옵소서. 사람들에게 주님의 평안의 미소를 짓게 하시고, 하나님의 때를 기다릴 줄 아는 삶의 깊이를 더해 주옵소서. 순수한 마음이 되게 하시고, 다른 사람의 실수를 이해할 수 있는 마음을 주옵소서. 슬플 때든 기쁠 때든 하나님이 이루고자 하시는 때를 소망하며 늘 기뻐하는 얼굴이 되게 하옵소서.

삶의 여유를 주옵소서. 소박하여 사치하지 않으며, 그 마음에 용서, 겸손, 감사, 진실함이 샘솟듯 솟아나게 하옵소서. 평화로운 마음을 주시고, 늘 따뜻한 사람이 되어 주위를 밝히는 등불 같은 삶을 살아가게 하옵소서.

당당한 ○○(이)가 자신의 몸과 마음을 깨끗하고 정직하게 가꾸는 아이가 되게 하옵소서. 지혜로운 생각과 성실한 마음을 주셔서 삶이 풍요롭게 되기를 원합니다. 자신의 생각을 책임질 줄 아는 아이가 되어 선한 생각이 그대로 말과 행동으로 나타나는 깊이 있는 삶이 되게 하옵소서.

예수님의 이름으로 기도합니다. 아멘.

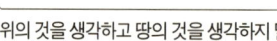

위의 것을 생각하고 땅의 것을 생각하지 말라 (골 3:2)

참을 줄
알게 하소서

즐겁게 참으시는 주님, 참을 수 있는 마음은 주님이 주셔야 할 수 있는 성숙한 마음임을 믿습니다. 저희 ○○(이)의 마음을 축복해 주셔서 모든 일에서 인내하게 하옵소서.

늦는다 하여 마음에 조급함을 물리쳐 주시고 혈기부리는 나쁜 씨앗들을 제거해 주옵소서. 그 마음에 짜증, 원망의 그림자를 온유한 성품으로 바꿔 주옵소서. 울분 같은 것들이 마음에 쌓일 때마다 하나님 앞에 남김없이 털어놓게 하옵소서. 그래서 기분 나쁘다거나, 섭섭하거나, 속상한 일을 만날 때 자신의 분노를 그치고, 극심한 화를 버리는 주님의 법을 배우게 하옵소서.

저희 ○○(이)가 결코 해가 지도록 분을 품지 않게 하시고 분을 즐겁게 참아 낼 줄 아는 성품의 자녀로 성장하게 하옵소서.

예수님의 이름으로 기도합니다. 아멘.

참고 기다리는 자에게 성공의 문이 열립니다.

좋은 땅에 있다는 것은 착하고 좋은 마음으로 말씀을 듣고 지키어 인내로 결실하는 자니라 (눅 8:15)

진실하게 하소서

　주님, ○○(이)의 삶에 정직한 복을 더하여 주옵소서. 세상의 악과 불의에 동참하지 않게 하시고 정직함과 진실한 하나님의 자녀로 살게 하옵소서. 주님이 순수하고 깨끗한 분이시듯 ○○(이)도 순수하고 깨끗하게 살아가게 하옵소서. 남을 속이거나 법을 어기지 않게 하여 주옵소서. 언제나 진실된 입술을 갖게 하심으로 험담이나 아첨의 말을 하지 않기 원합니다. ○○(이)의 삶이 하나님의 소리가 되어 거짓을 멸하고, 진실을 견고히 세워가는 자 되게 하옵소서. 주님, 자신의 실패에 솔직하게 하시고, 잘못을 했을 때는 솔직히 시인하고 용서를 비는 올바름이 있게 하시고, 잠시의 위기를 모면하기 위해 부인하고 변명하는 악을 범치 않게 하옵소서. 언제나 하나님 앞에서 진실하게 살아가는 것을 인생의 좌우명으로 정하게 하옵소서.
　예수님의 이름으로 기도합니다. 아멘.

꿈에 거짓말 하였거든 깨어나서라도 반성합시다. -도산 안창호
진실한 입술은 영원히 보존되거니와 거짓 혀는 눈 깜짝일 동안만 있을 뿐이니라 (잠 12:19)

온유하게 하소서

　온유한 자를 공의로 지도하시며 온유한 자에게 그 도를 가르치시는 주여, 우리 ○○(이)에게 온유함을 부어 주사 복을 받아 누리게 하옵소서.
　무슨 일을 하든지 온유함을 좇아 행하게 하시고 누구를 만나든지 온유한 심령으로 나아가게 하옵소서. 그 마음 안에 선함과 평안함을 넘치게 해 주사, 모든 사람에게 따뜻하고 부드럽게 하시어, ○○(이)가 가는 곳마다 그리스도의 평강과 화평이 임하게 하옵소서.

　큰소리와 강함이 능력으로 보이는 이 세상에서 ○○(이)의 온유함이 더디더라도 힘이 있음을 잊지 않게 하시고, 사람을 살리는 거룩한 영향력으로 자리매김하게 하옵소서.
　아무도 훼방하지 말고 다투지 말며 관용하여 모든 일에 모든 사람에게 온유함을 통해 거룩한 그리스도인으로 살아가게 하옵소서. 그리하여 이 땅에서 그의 장막을 넓혀가며 넘치는 화평과 평안을 누리며 살게 하옵소서.
　예수님의 이름으로 기도드립니다. 아멘.

온유한 자는 땅을 기업으로 받는 복을 누립니다.

오직 온유한 자는 땅을 차지하며 풍부한 화평으로 즐기리로다 (시편 37:11)

가족이 원을 그리고 둘러앉아서 이전의 기도제목들을 점검하고는 새로운 기도제목을 모으기 시작합니다. 그러면서 가족의 현재 상황을 점검하는 것입니다. 그리고는 한 사람씩 놓고 집중 기도를 드릴 수도 있고 돌아가면서 한 사람씩 짤막하게 기도를 올릴 수도 있을 것입니다.

- 존 트렌트, 릭 오스본, 쿠르트 부르너, 『아이들의 영적 발달』 중에서

자녀를
성공으로 인도하는
축복기도_2부

2. 리더십을 위한 기도(2)

가장 소중한 직업

하나님,
나의 자녀들과 함께
보내는 오늘이
나의 날임을 아는 지혜를 주옵소서.

자녀들의 생애에는 중요치
않은 순간이 없음이니이다.
이보다 더 소중한 직업은 없고
이보다 더 큰일도
없으며

이보다 더 시급한 과업이 있을 수 없기 때문입니다.
내가 이 일을 미루지도
소홀히 여기지도 말게 하옵시고
당신의 성령으로
자녀 돌보는 일을 기쁘고 즐겁게
받아들이게 하옵소서.

당신의 은혜로
이 시간이 길지 않음을 알게 하시고
바로
지금이 나의 시간임을 깨닫게 하옵소서.
아이들은 마냥 기다리지만은 않을
테니까요.

▷ 헬렌 M. 영의 〈자녀를 위한 기도〉 전문

가장 먼저 해야 할 일

만일 내가 다시 아이를 키운다면
집을 세우는 일보다
먼저
아이의 자긍심을 세워 주리라.
손가락으로 명령하는 일보다는
아이와 함께 손가락
그림을 더 많이 그리리라.

아이를 바로 잡으려고 노력하기보다는
아이와 하나가
되려고 더 많이 노력하리라.
시계에 고정되었던 눈을 돌이켜
아이를 더 많이
바라보리라.

만일 내가 아이를 다시 키운다면
더 많이 아는 데에 관심을 갖기보다는
아이에게 관심 갖는 법을 더 많이 배우리라.
자전거도 더 많이 타고 연도
더 많이 날리리라.

들판을 더 많이 뛰어다니고 별들을 더 오래 바라보리라.
더 많은 포옹속에서 다툼을 멀리 하리라.
도토리 속에 비친 떡갈나무를 더 자주
보리라.
단호한 부정보다는 더 많은 긍정 속에 살아가리라.

힘을 사랑하는
사람으로 보이지 않고
사랑의 힘을 가진 사람으로 보이리라.
▷ 다이아나 루먼스의 〈다시 아이를 키운다면〉 전문

주님이 기뻐하시는 일에
열정을 갖게 하소서

　죄인을 위해 가장 귀한 생명을 주시기까지 우리를 사랑하신 주님, 그 감당할 수 없는 은혜를 ○○(이)에게 부어 주옵소서. 주님, ○○(이)가 일생을 주님이 기뻐하시는 일에 열심을 내게 하시고, 그것에 자신의 온 정성을 집중하게 하여 주옵소서. 이것이 그의 삶의 행복이 되기를 원합니다. 자신의 헛된 욕망을 이루기 위해 열심을 내는 어리석음은 당장 망하게 하시고, 가치있는 일에 자신을 몰입하게 하옵소서.

　주님, ○○(이)가 선택한 그 길이 복된 길임을 주님께서 인정하시면, 그에 필요한 사람과 물질, 그리고 영육의 강건함을 허락해 주옵소서. ○○(이)의 삶에서 하나님께 예배드리고 기도하는 일에 대한 열정이 불타오르게 하옵소서. 이것이 예배하는 삶이 되며 기도하는 삶이 되며, 말씀대로 사는 삶이 되어 끝내 하나님이 원하시는 목표점에 도달하는 영혼이 되게 하옵소서.
　예수님의 이름으로 기도합니다. 아멘.

상처의 쓴 뿌리들을
제거해 주소서

　상한 마음을 치료하시고 상처를 싸매 주시는 하나님, 하나님의 평강으로 ○○(이)의 마음을 가득 채워 주옵소서. 하나님, 경쟁 사회는 우리의 자녀들을 절망과 좌절로 빠트리려 합니다. 때로는 영혼의 면역성이 약해져서 쉽게 포기하고, 쉽게 상처 받을 수밖에 없습니다. 능력의 하나님, 이럴 때마다 더욱 큰 은혜를 ○○(이)에게 주옵소서. 주님이 주시는 힘으로 다시 일어나게 하옵소서. 상처와 우울과 좌절의 누더기 옷을 과감히 벗어버리고 모든 일에 적극적으로 임하게 하옵소서.

　하나님, ○○(이)가 자신이 하나님의 자녀임을 잊어버리지 않게 하옵소서. 자녀들은 축복받기 위해 태어난 자임을 믿습니다. ○○(이)가 형통하기 위해 태어난 자들임을 믿습니다.
　하나님, 하나님의 도우심이 ○○(이)에게 능력이 됨을 믿습니다. ○○(이)의 마음을 축복하셔서 상처의 쓴 뿌리들을 제거하여 주시고, 더 이상 부정적인 이미지에 지배되지 않게 하시고 무엇보다 자신을 깊이 사랑하는 자 되게 하옵소서.
　예수님의 이름으로 기도합니다. 아멘.

예수님은 우리의 상처를 안고 십자가에 달리셨습니다.
우리가 그 안에서 그를 믿음으로 말미암아 담대함과 하나님께 당당히 나아감을 얻느니라 (엡 3:12)

대범한 자녀가
되게 하소서

날마다 용기와 담대함을 주시는 하나님 아버지, 간절히 원하기는 ○○(이)가 작은 일을 마음 두고 되새겨 자신을 소중히 여기지 않은 자처럼, 아무것도 못하는 연약한 자처럼 되지 않도록 ○○(이)의 마음과 생각을 지켜주옵소서. 친구들의 말이나 놀림을 상처로 받아들이지 않는 대범함을 주옵소서.

지나가는 말로 ○○(이)를 아프게 하는 친구들을 마음 안에서 미움으로 더 나아가 분노로 발전시키지 않도록 도와주옵소서. 완벽하려고도 말고, 누군가와 비교하지도 말게 하옵소서. ○○(이)가 자신의 있는 모습 그대로를 사랑하고 그렇게 자신을 만드신 하나님의 사랑을 기억할 수 있는 자녀로 자라게 하옵소서. 또한 부모인 저희에게도 자녀가 힘들고 아파할 때 지혜의 말로 위로하게 하시며 여유를 줄 수 있게 하옵소서.

하나님 아버지, ○○(이)에게 자신을 지킬 수 있는 성령의 능력과 성령 충만함을 주옵소서. 그리하여 용기있고 대범한 삶을 살아가게 하옵소서.
예수님의 이름으로 기도드립니다. 아멘.

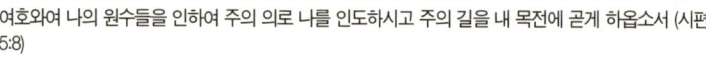

여호와여 나의 원수들을 인하여 주의 의로 나를 인도하시고 주의 길을 내 목전에 곧게 하옵소서 (시편 5:8)

절제할 줄
알게 하소서

주님, ○○(이)가 절제하는 삶이 인생을 갑절로 풍요롭게 함을 깨닫게 하옵소서. 승리를 꿈꾸는 자로 살아가기에 앞서 자신의 몸과 마음을 조절하며, 방탕하고 싶은 욕망들의 무가치함을 일찍부터 알게 하옵소서.

주님, 세속문화는 자녀들에게 더 충동적이 되게 하고, 사치와 일락을 성공적인 삶으로 여겨지게 합니다. 또한 쉽게 낭비하고 무절제하게 살아가게 합니다. 이러한 유혹 속에서 ○○(이)의 마음을 지켜 주옵소서. ○○(이)에게 절제에 인내를 더하시고, 인내에 경건한 마음을 더하여 주옵소서.

주님, 진정한 삶의 행복이 절제하는 마음에서 솟아남을 깊이 체험하게 하옵소서. 어려서부터 절제하는 습성이 버릇처럼 되어 쾌락을 멀리하게 하옵소서. 죄악된 욕망에 대해서는 인색함을 갖게 하시고, 선한 욕망에 대해서는 풍성함을 갖는 자녀가 되게 하옵소서.
예수님의 이름으로 기도합니다. 아멘.

절제하는 삶은 성공의 디딤돌입니다.

이기기를 다투는 자마다 모든 일에 절제하나니 저희는 썩을 면류관을 얻고자 하되 우리는 썩지 아니할 것을 얻고자 하노라 (고전 9:25)

영적 책임감을
갖게 하소서

우리를 끝까지 책임지시는 주님, ○○(이)에게 이 시대에 대한 강력한 영적 책임감을 주옵소서. 그래서 ○○(이)의 영토가 땅 끝임을 알게 하시고 하나님 나라 확장 사업을 위해 살아가는 자가 되게 하옵소서. 아무리 어려운 환경을 만나더라도 하나님을 신뢰함으로 환경을 극복하게 하옵소서. 하나님을 소중히 여기는 사람으로 살아가게 하시고 무슨 일이든 책임을 지는 자리에 앉게 하옵소서.

주님, 때로는 그 책임이 너무 무거워 포기하려 할 때도 주님이 능력이 되셔서 ○○(이)가 승리하는 인생이 되게 하옵소서. 주님을 의지하는 힘으로 자기에게 주어진 짐을 성실히 지고 나가게 하옵소서.

예수님의 이름으로 기도합니다. 아멘.

맡겨진 책임에 충실하면 기회는 스스로 만들어집니다.

너는 내 집을 치리하라 내 백성이 다 네 명을 복종하리니 나는 너보다 높음이 보좌뿐이니라 (창 41:40)

무슨 일이든
책임감을 갖게 하소서

하나님, 날마다 하는 일에 대하여 늘 새로움으로 할 수 있는 은혜가 ○○(이)에게 임하기를 원합니다. 이제 조금씩 몸이 자라 영역이 넓어지고, 만나는 사람들이 많아지면서 그 자녀의 책임감의 깊이도 깊어지게 하옵소서. 자기가 하는 말에 대하여, 자기가 한 행동에 대하여, 정직함으로 나아가게 하시고 자기가 하는 말마다, 자기가 하는 행동마다 따르는 책임감이 있음을 간과하지 않도록 하옵소서.

마땅히 자신이 책임져야 할 부분 앞에서는 물러남이나 남에게 떠넘기는 비겁함이 없도록 지켜 주옵소서.

많은 말이, 여러 가지 활동들이 힘이 있는 것이 아니라 작은 일에도 책임지는 것이 진정한 힘임을 깨닫게 하옵소서. 또한 정직하게 자신을 돌아볼 줄 알고 스스로의 잘못 앞에 책임있는 행동을 하는 그런 용기와 깨끗함을 주옵소서.

그리하여 아버지의 ○○(이)로 세상에서 살 때 그가 하는 말에 힘이 있고 영향력이 있어서 세상을 이끌어 가며 그 가운데 하나님께는 영광을 돌리는 하나님의 기뻐하시는 자가 되도록 은혜를 주옵소서.

예수님의 이름으로 기도드립니다. 아멘.

책임을 질 줄 아는 자만이 성공합니다.

여호와의 눈은 의인을 부르짖음에 기울이시는도다 (시 34:15)

마더 테레사

오 주님!
사랑하는 주님,
제가 가는
곳마다
당신의 향기를 퍼뜨릴 수 있게 도와 주소서.
제 마음을 당신의 정신과
생명으로 채워 주소서.
제 존재에 온전히 스며들고 차지하시어
제 삶이 당신의
생명을 비추게 하옵소서.

저를 통하여 빛나시어
제가 만나는 사람들이 모두
제 안에
깃들인 당신을 느낄 수 있도록
제 안에 머무소서.
사람들이 저를 보지 않고
제 안에 당신을 보게 하옵소서.
저와 함께 머무시어,
제가 당신의 빛으로 빛나게
하시고,
다른 사람들이 제 빛으로 밝아지게 하옵소서.
아멘.
▷ 수녀가 매일 바친 뉴만 추기경이 쓴 기도

만남의 복을 주소서

　우리에게 친구처럼 다가오시는 하나님, ○○(이)에게 일생 살아가는 동안 사람을 통한 만남의 복을 주옵소서. 어려울 때 친구들의 보호막이 되어 주고, 힘들어 할 때 마음을 터놓고 대화할 수 있는 친구를 만나게 하옵소서.
　특별히 학교를 다니는 동안 친구의 복을 주옵소서. 좋은 선배, 후배를 만날 수 있는 복을 주옵시고, 주변에 순결한 마음을 지닌 이들을 만남으로 사람을 통한 복이 끊이지 않는 자 되게 하옵소서.

　○○(이)의 주변에 주님을 사랑하는 크리스천 친구들을 많이 보내 주옵소서. 그리고 그들과 함께 일생의 비전을 나누고 함께 할 수 있게 하옵소서. 그들을 벗 삼아 서로의 짐을 나눠지는 자로 살게 하옵소서.
　예수님의 이름으로 기도합니다. 아멘.

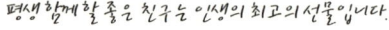

평생함께할 좋은 친구는 인생의 최고의 선물입니다.

철이 철을 날카롭게 하는 것같이 사람이 그 친구의 얼굴을 빛나게 하느니라 (잠 27:17)

좋은 공부 습관을
갖게 하소서

지혜의 주인이신 하나님, ○○(이)에게 지혜를 주시고 좋은 공부 습관을 갖도록 축복해 주옵소서. 무엇보다 학교 수업시간에 집중할 수 있게 하옵소서.

주님, 특별히 구하기는 늘 부지런함으로 공부에 대한 자신감이 넘쳐나게 하옵소서. "나도 할 수 있다"는 자신감이 충만해지게 하시고, "꼭 이룰 수 있다"는 신념이 투철한 자 되게 하옵소서.

주님, 예습, 복습, 수업, 시험 등 공부에 관한 어떤 것이든 긍정적인 방향으로 생각하게 하시고 그 모든 일을 대할 때 깊이 연구하고 논리적으로 분석할 줄 아는 성실함이 있게 하옵소서. 무엇보다 끈기있게 공부하게 하옵소서. 산만함을 없애 주시고, 집중력과 정서적으로 안정된 심성을 주옵소서. 아울러 누가 시키지 않아도 학습 전에 먼저 계획을 세우는 탁월한 자기 관리 능력을 주옵소서. 공부의 좋은 습성을 갖게 함과 동시에 주님을 섬기는 경건한 습성 또한 배가가 되게 하옵소서. 그래서 자녀가 공부하는 삶을 통해 주님의 영광이 밝히 드러나게 하옵소서.

예수님의 이름으로 기도합니다. 아멘.

아무리 뛰어난 천재적 재질도 노력 없이는 그 빛을 발할 수 없습니다. - 몽테뉴

마땅히 행할 길을 아이에게 가르치라 그리하면 늙어도 그것을 떠나지 아니하리라 (잠 22:6)

뛰어난 기초학습
능력을
갖게 하소서

하나님, 주님께 기도하면 누구에게나 지혜를 아낌없이 주심을 믿고 감사드립니다. 이 시간 ○○(을)를 위해 축복합니다.

솔로몬에게 지혜를 주심과 같이 ○○(이)에게도 동일한 지혜를 주시고, 학습에 대한 뛰어난 가능성을 허락해 주옵소서. 무엇보다 아이에게 공부에 대한 탁월한 '기초학습능력'이 필요합니다.

주님, 저희 ○○(이)에게 학습하는 데 있어 필요한 능력들을 배양해 주옵소서. 읽기, 쓰기, 셈하기 등과 같은 능력들이 갑절로 자라날 수 있도록 축복해 주옵소서. 총명함을 주시고, 어휘력, 이해력, 분석력, 종합력, 추리력, 상상력, 비판력, 판단력 등 배우고 익히는 데 필요한 지적 능력들을 허락해 주옵소서.

예수님의 이름으로 기도합니다. 아멘.

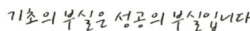

너희 중에 누구든지 지혜가 부족하거든 모든 사람에게 후히 주시고 꾸짖지 아니하시는 하나님께 구하라 그리하면 주시리라 (약 1:5)

정직한 영을
내려 주소서

　정직한 자를 기뻐하시고, 정직한 자의 방패가 되시고, 정직한 자의 산성이 되시는 하나님 아버지여, 우리 ○○(이)에게 정직한 영을 내려 주옵소서.
　하나님과 사람들 앞에 스스로 당당할 수 있는 정직함을 주옵소서. 어떠한 어려움과 위기가 닥치더라도 정직함을 잃어버리지 않도록 그를 도와주옵소서. 때로는 정직함을 인하여 아프고, 때로는 정직함을 인하여 외롭고, 때로는 정직함을 인하여 손해를 볼지라도 그 정직함을 잃어버리지 않도록 지켜 주옵소서. 그 마음과 생각을 지켜주사 정직한 자의 길에서 떠나지 않게 하옵소서.
　아주 작은 것에도 정직을 잊어버리지 않게 하시고 많은 말로 자신을 드러내려 하지 않게 하옵시고 많은 말 속에 거짓이 담기지 않게 하옵소서. 그 정직함을 인하여 하나님 아버지 앞에 거하는 자가 되게 하옵소서.
　예수님의 이름으로 기도드립니다. 아멘.

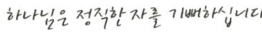

진실로 의인이 주의 이름에 감사하며 정직한 자가 주의 앞에 거하리이다 (시 140:13)

집중력을
허락하소서

　지혜의 영을 부어주시는 주님, 그 동안 ○○(이)의 인생을 굽어 살피시고 언제나 축복하시고 함께 해주신 것을 감사드립니다.
　주님, 바라옵기는 저희 ○○(이)가 열정을 갖고 공부에 집중할 수 있는 은총을 베풀어 주시옵소서. ○○(이)는 단 10분도 자리에 앉아 해야 할 일들을 해내지 못하고 그저 분주함과 산만함 속에 생활하고 있습니다. 만화나 게임과 같은 오락을 즐길 때에는 몇 시간씩 빠져 들면서도 책을 보거나 공부를 할 때에는 그 일 자체를 싫어하고 성실히 집중하려 하지 않습니다.

　주님, 너무나 연약하여 세상에 지고 마는 ○○(이)의 어린 영혼과 마음에 다가가서서 집중하지 못하게 하는 세상적인 죄악들을 끊어 주시고 학습에 최선을 다해 집중할 수 있는 의지와 능력을 ○○(이)에게 허락하여 주옵소서. 그리하여 공부를 부담스러워 하기보다는 공부를 즐거워하는 자녀가 되도록 축복해 주시옵소서. 특별히 온화하고 안정된 마음을 허락하옵소서. 마음과 생각이 복잡하여도 성령이 주시는 평강으로 말미암아 요동함이 없는 강한 집중력을 허락하여 주옵소서.
　우리를 죄악 가운데 구원하신 예수님의 이름으로 기도 올리옵나이다. 아멘.

한 가지에 집중하는 재만이 온전하게 일을 이루어 냅니다.
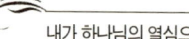
내가 하나님의 열심으로 너희를 위하여 열심을 내노니 (고린도후서 11: 2)

책 읽는 습관을
갖게 하소서

믿는 자에게 능치 못함이 없는 하나님!

○○(이)에게 책을 가까이 하는 마음을 주옵소서. 좋은 독서습관을 주셔서 책을 통해 정신이 풍요로운 자로 자라나게 하옵소서. 정신세계가 푸른 초장과 같이 풍요롭게 하시고 정확한 안목이 생겨나게 하옵소서. 아울러 ○○(이)에게 창조적인 지식 욕구를 주셔서 새로운 생각을 얻고 생각의 폭을 넓히고 글을 이해하고 글의 힘을 아는 자가 되게 하옵소서.

주님, 특별히 신앙생활에 방해가 되는 책들은 피하게 하옵소서. 아이의 지성이 하나님을 알고, 하나님을 전하는 데 필요한 책들로 인도받게 하옵소서.

예수님의 이름으로 기도합니다. 아멘.

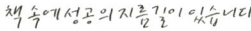

명철한 자의 마음은 지식을 얻고 지혜로운 자의 귀는 지식을 구하느니라 (잠 18:15)

공부의 즐거움을
알게 하소서

　우리 ○○(을)를 축복해 주시는 주님, 공부에 대한 바른 자세를 갖게 하시며, 공부 스트레스가 아닌 배움의 즐거움을 만끽하게 하옵소서. 무엇보다 부정적인 사고방식을 바꾸어 즐거운 마음으로 배움의 여정에 임하게 하시고 범사에 긍정적인 마음과 태도를 가지며 살아가게 하옵소서.

　주님, 무엇보다 ○○(이)가 공부 자체가 생의 목적이 되지 않게 하옵소서. 공부를 수단으로 여겨 미래의 꿈을 펼쳐 나가게 하시고 학습을 통해 폭넓은 지식과 견문을 넓히게 하옵소서. 아울러 힘들고 약해질 때 ○○(를)을 보호하셔서 스트레스를 줄이기 위해 술이나 약물에 의존하는 어리석음을 범하지 말게 하옵소서.
　예수님의 이름으로 기도합니다. 아멘.

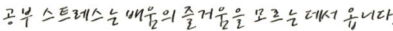

공부 스트레스는 배움의 즐거움을 모르는 데서 옵니다.
이는 그의 하나님이 그에게 적당한 방법으로 보이사 가르치셨음이며 (사 28:26)

지혜와 명철이
충만케 하소서

지혜와 명철이 끝이 없으신 하나님!
주님의 지혜로 ○○(을)를 축복해 주시고 그 은혜가 ○○(을)를 자라게 하는 성장비타민이 되게 하옵소서. 무엇보다 ○○(이)의 인생이 하나님이 주시는 지혜로 세워지고 총명하고 사리에 밝음으로 견고해지게 하옵소서.

주님, 인생을 살다보면, 정말 지혜가 필요한 순간이 너무나 많습니다. ○○(이)가 학교를 선택할 때 올바른 선택을 할 수 있도록 지혜를 주옵소서. ○○(이)가 진로를 선택할 때 총명한 선택을 할 수 있도록 지혜를 주옵소서. 결혼 상대자를 구할 때 육의 욕망과 외모, 조건에 끌려 그릇된 선택을 하지 않도록 자녀에게 뛰어난 분별력을 주옵소서.

주님의 지혜가 ○○(이)의 인생에 주춧돌이 되어 그 위에 스스로를 견고히 세우고 어떤 어려움이 오더라도 든든히 세워져 가는 삶이 되게 하옵소서. 특별히 구하기는, 창조적인 지혜가 흘러넘쳐 자신과 가정, 교회, 이 나라와 세계를 풍요롭게 하는 자로 살게 하옵소서.
예수님의 이름으로 기도드립니다.

지혜로운 자는 가난해도 즐거워하고, 어리석은 자는 부자라도 걱정합니다. - 최치원

명철한 사람의 입의 말은 깊은 물과 같고 지혜의 샘은 솟구쳐 흐르는 내와 같으니라 (잠 18:4)

평화의 기도

저를 당신의 도구로 사용하셔서
저로 하여금
사랑의 씨를 뿌리게 하옵소서.
미움이 있는 곳에 평화를,
무례함이 있는 곳에
용서를,
분열이 있는 곳에 일치를,
의심이 있는 곳에 믿음을,
그릇됨이
있는 곳에 진리를,
절망이 있는 곳에 희망을,

어둠이 있는 곳에 빛을,
슬픔이 있는 곳에
기쁨을 가져오는 자 되게 하옵소서.
위로 받기보다는 위로하기를,
이해 받기보다는 이해하기를,
사랑 받기보다는 사랑하게 하여 주소서.
우리는 나눔으로써 받고,
용서함으로써 용서받으며,
죽음으로써 영생을 얻기
때문입니다.
▷ 성 프란체스코

창조적인 재능과
능력을 주옵소서

우리에게 힘과 능력을 주시는 주님!

○○(이)가 자신이 진흙임을 겸허하게 알게 하옵소서. 하나님이 빚어 주시지 않으면, 아무런 의미가 없는 삶임을 알게 하옵소서. 주님, 죄인에게는 온전한 재능이 없기에 온전한 능력도 없음을 믿습니다. 저희 ○○(이)에게 빛을 주셔서 하나님의 능력을 덧입게 하옵소서.

시대를 바라보건대, 미래는 점점 창조적인 재능을 가진 자를 원하고 있습니다. 저희 ○○(이)에게 시들지 않는 창조적인 재능을 주셔서 시대를 이끌어가게 하옵소서.

주님께서 ○○(이)의 재능의 원동력이 되시기를 간절히 원합니다. ○○(이)가 능력이 있으나 겸손하며 재능이 있으나 하나님을 드러내는 자가 되게 하옵소서. 만화를 볼 때도 작가의 사고를 뛰어넘는 재능을 주시고, 게임을 할 때 프로그래머의 사고에 갇히지 않게 하옵소서.

더 나아가서, 만화를 보는 자가 아니라 만화를 만드는 자로, 게임을 하는 자가 아니라 게임을 만드는 자로, 자동차를 타는 자가 아니라 세계적인 자동차를 만드는 자로, Made in Korea의 중심 인물이 되어 세계를 선도하는 자로 있게 하옵소서.

예수님의 이름으로 기도합니다. 아멘.

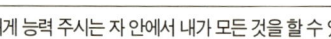

하나님이 함께 함이 재능이며 능력입니다.

내게 능력 주시는 자 안에서 내가 모든 것을 할 수 있느니라 (빌 4:13)

지식의 은사가
넘쳐나게 하소서

모든 것의 주인이신 하나님!

○○(이)가 주님이 주시는 지혜로 바로 보고, 바로 알고, 바로 깨닫게 하옵소서. 자녀에게 지식을 활용할 수 있는 능력을 주옵소서. 자칫 지식의 종이 될 수 있는 세상에 살고 있습니다. ○○(이)로 하여금 지식을 배우되 지식의 주인이 되게 하시고 지식의 근원이 주님이심을 깨달아 알게 하옵소서.

주님, 악이 되는 지식을 배우는 일에는 까만 밤처럼 어둡게 해주시고, 많은 사람을 옳은 길로 인도하는 지식을 자신의 것으로 삼는 자 되게 하여 주옵소서. 지식의 힘에 우쭐대기보다 오히려 일생 부족하지만 겸손히 하나님께 배우고 하나님으로 채워져 나가는 인생이 되게 하여 주옵소서.

예수님의 이름으로 기도합니다. 아멘.

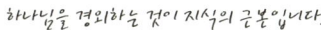
하나님을 경외하는 것이 지식의 근본입니다.

주 여호와께서 학자의 혀를 내게 주사 나로 곤고한 자를 말로 어떻게 도와 줄 줄을 알게 하시고 아침마다 깨우치시되 나의 귀를 깨우치사 학자들같이 알아듣게 하시도다 (사 50:4)

꺼지지 않는 희망의 등불

어머니의 사랑은 섬과도 같아라.
광막한 삶의
바다에서
끊임없이 철썩이는 물결 저 멀리
평화와 고요의 피난처.

어머니의
사랑은 성채와 같아라
시련의 파도가
낙망 속에 우릴 침몰코자 하면
그곳에
안전히 몸을 숨기노라.

어머니의 사랑은 지성소여라.
뭇사람 저 아래 두고 우뚝
솟아
그 미소 햇빛과도 같이
먹구름 헤치고 빛나노라.

어머니의 사랑은 등대불
같아라.
믿음과 기도로 불타오르고
삶의 정경은 언제나 변할지라도
우린 그곳에서
항구를 찾노라.

어머니의 사랑은 하나님의 가없는 사랑
그 형상 입었으니
위에
계신 하나님의 사랑과도 같이
끝이 없고 견고하여라.
▷ 헬렌 스타이너, 라이스의 〈어머니의 사랑〉 전문

성실하신 주님을
닮게 하소서

성실하신 주님. ○○(이)가 태속에 생명이 잉태되는 순간부터 주님의 나라에 들어가 안식하는 그 날까지 모든 걸음마다 하나님의 성실하심을 닮는 삶이 되게 하옵소서.

주님, ○○(이)가 자신의 삶의 원칙을 성실하신 주님을 닮는 데 두게 하시고 철저히 성경대로 살아감을 생의 축복임을 알게 하옵소서. 마음의 모습이 바다를 닮아 성실함으로 주위를 돌아보게 하시고 비가 오나 눈이 오나 성실함으로 자신의 삶의 자리를 지키게 하옵소서. 잠깐의 이익에 양심을 파는 가벼운 사람이 아니라 모든 일을 무릎과 땀으로 일궈내는 커다란 사람이 되게 하옵소서.

○○(이)가 불의한 상황 속에서도 소신껏 성실히 옳음과 그름을 말할 줄 아는 당당함을 주옵소서. 당당함으로 손해를 보는 상황이 온다 할지라도 그 때마다 못자국 난 주님의 손으로 그 눈에서 눈물을 씻기시고 주님의 무릎가에서 새 힘을 얻고 다시 일어나게 하옵소서. 주님처럼 인생의 목적을 성공이 아닌 최선에 둠으로 하나님께 인정받는 자가 되게 하옵소서.

예수님의 이름으로 기도합니다. 아멘.

삶의 원칙은 성실하신 주님을 닮는데 있습니다.

여호와를 의뢰하여 선을 행하라 땅에 거하여 그의 성실로 식물을 삼을지어다 (시 37:3)

성실한 사람이
되게 하소서

하나님 아버지, 저희 ○○(이)에게 성실함을 주옵소서. 학교에서 공부를 하며 활동을 할 때에도, 교회에서 예배를 드리며 섬길 때에도, 집에서 자기에게 주어진 일들을 감당할 때에도, 길을 걸어가며 오가는 이들과 마주할 때에도 친구들과 어울릴 때에도 아버지의 성실하심을 좇아 행하게 하옵소서.

아무도 보는 이가 없어도 아주 작은 일에서도 순간마다 호흡할 때마다 ○○(이)가 성실한 길을 택하게 하옵소서.

아침마다 새롭고 새로우신 아버지의 성실하심을 좇아 행하게 하옵소서. 성실함이 ○○(이)의 매력이 되게 하시며, 그 성실함으로 그가 땅에서 풍성한 열매를 맺게 하시며, 그 성실함으로 ○○(이)의 장막이 견고해지며, 그 성실함이 대대에 미치며, 그 성실함으로 ○○(이)가 하나님 아버지의 보호를 받게 하옵소서.

할아버지의 성실함이 그 아비에게, 아비의 성실함이 그 자식에게, 자식의 성실함이 자손들에게 대대로 이어지게 하옵소서. 하나님을 의지하며, 땅에 사는 동안 하나님의 성실과 정직을 식물로 삼게 하옵소서.

예수님의 이름으로 기도드립니다. 아멘.

독립심은 주님께로부터 옵니다.

너는 스스로 예비하되 너와 네게 모인 무리들이 다 스스로 예비하고 너는 그들의 대장이 될 지어다. (겔 38:7)

겸손하신 주님을
닮게 하소서

겸손하신 주님, 저희 ○○(이)에게 겸손의 옷을 입혀 주소서. 주님이 겸손한 자를 사랑하시는 하나님임을 깊이 알게 하옵소서. ○○(이)가 하나님은 낮은 자, 즉 마음이 겸손한 자를 들어 사용하시는 하나님임을 철저히 깨닫게 하옵소서. 공부를 잘하는 것이, 운동을 잘하는 것이, 춤을 잘 추고, 말을 잘하는 것이 결코 자랑거리가 되지 않게 하시고 하나님의 나라는 낮아질 때 능력이 나타나는 것임을 미리 알게 하옵소서.

하나님의 자녀로서 겸손하신 예수님을 본받아 늘 남을 높게 여기며 살게 하옵소서. 주님, ○○(이)의 자존감의 수치는 높아지되 그 마음이 향하는 곳은 자신을 비워 종의 형체를 가지신 예수님께 맞춰지게 하옵소서. 자꾸만 자기가 가진 것으로 자신의 터전을 삼으려 하나 이런 것이 허무한 것임을 어린 나이부터 깨달아 겸손함으로 천국을 열어가는 자 되게 하옵소서.
예수님의 이름으로 기도합니다. 아멘.

겸손은 성공의 나무를 자라게 하는 힘입니다.

그러므로 하나님의 능하신 손 아래서 겸손하라 때가 되면 너희를 높이시리라 (벧전 5:6)

겸손한 자녀가
되게 하소서

　겸손한 자에게 은혜를 주시며, 겸손한 자에게 구원을 베푸시며, 겸손한 자의 소원을 들으시며, 겸손한 자를 붙드시며, 겸손한 자의 마음을 예비하시며, 겸손한 자의 기도를 귀를 기울여 들으시는 하나님.
　우리 ○○(이)가 겸손하여 하나님의 은혜를 받으며, ○○(이)가 겸손하여 하나님의 구원을 받으며, ○○(이)가 겸손하여 하나님께서 저의 소원을 들으시며, ○○(이)가 겸손하여 하나님께서 저를 붙드시며, ○○(이)가 겸손하여 하나님께서 저의 마음을 예비하시며, ○○(이)가 겸손하여 하나님께서 저의 기도를 귀를 기울여 듣게 하옵소서.

　○○(이)의 마음이 교만을 멀리하게 하시고, 그 발이 교만한 자와 함께 있지 않게 하시며, 그 생각이 스스로를 높이지 못하게 하옵소서. 늘 겸손한 자와 같이하여 그 마음을 낮추는 자가 되게 하옵소서. 그의 삶이 항상 능하신 하나님의 손 아래 있게 하옵소서. 그리하여 때를 따라 높이시는 하나님의 은혜를 받게 하옵소서.
　예수님의 이름으로 기도드립니다. 아멘.

하나님은 낮아진 자를 높여 주십니다.
여호와를 경외하는 것은 지혜의 훈계라 겸손은 존귀의 앞잡이니라 (잠언 15:33)

예수님의 보혈로
정결케 하소서

마음이 깨끗한 자를 축복하시는 주님, 죄로 인해 때묻은 ○○(이)의 영혼을 예수님의 보혈로 정결하게 씻어 주옵소서. 아무리 애를 써도 우리는 정결해질 수 없음과 오직 주님의 보혈로써만이 정결한 복을 누릴 수 있음을 깨닫게 하옵소서.

주님, 세상은 온통 불결케 하는 것들로 가득합니다. TV의 선정성, 게임의 폭력, 만화의 미혹, 음란을 부추기는 것들이 무방비 상태로 전달되는 인터넷의 환경들 속에서 ○○(이)의 영혼은 끊임없이 불결함을 강요당하고 있습니다. 이러한 위험한 환경들로부터 보호해 주옵소서.
주님, 마음의 청결함은 죄와 싸우는 강한 용기임을 믿습니다. ○○(이)에게 순결한 마음을 주셔서 죄의 유혹을 물리치고 이겨낼 수 있는 믿음과 용기를 주옵소서.
예수님의 이름으로 기도합니다. 아멘.

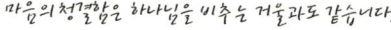
마음의 청결함은 하나님을 비추는 거울과도 같습니다.

하나님이여 내 속에 정한 마음을 창조하시고 내 안에 정직한 영을 새롭게 하옵소서 (시 51:10)

청결한 자녀가
되게 하소서

거룩하신 주님, ○○(이)의 청결함이 우리의 마음을 기쁘게도 하고 때로는 부모된 저희의 부끄러운 모습을 발견하게 하는 ○○(이)의 청결함을 인하여 감사드립니다.

청결함이 아버지의 은혜와 보살피심 안에서 더욱더 자라나게 하옵소서. 어른이 되면서 세상과 타협하지 않는 청결함이 ○○(이)에게 있게 하옵소서. 자기의 유익을 위하여 청결함을 버리지 않도록 하옵소서. 조금 불편하고 많이 손해를 보더라도 그 청결함을 놓지 않도록 아버지께서 순간마다 지켜주옵소서.

청결함으로 인하여 그 마음에 기쁨이 넘치며, 그 청결함으로 인하여 사람들에게 신뢰를 갖게 하며, 그 청결함으로 인하여 그가 존귀한 자가 되며, 그 청결함으로 인하여 살아계신 하나님의 이름이 증거되는 도구로 사용되게 하옵소서. 마음이 청결한 자가 복이 있어 하나님을 볼 것이라는 주의 말씀처럼 그 마음이 날마다 청결하여 날마다 하나님을 보는 귀한 복을 누리게 하옵소서.

또한 그 청결함이 ○○(이)가 만나는 이들에게도 영향력을 미치며, 그 청결함이 앞으로 이룰 가정 안에 이어지게 하시고, 그 청결함이 ○○(이)가 속한 사회에 미쳐 가는 곳마다 하나님의 이름이 높여지게 하옵소서.

예수님의 이름으로 기도드립니다. 아멘.

마음이 청결한 자는 하나님의 얼굴을 볼 수 있습니다.

또 청결하고 정직하면 정녕 너를 돌아보시고 네 의로운 집으로 형통하게 하실 것이라 (욥기 8:6)

범사에
감사하게 하소서

　우리의 필요를 채워주시는 하나님, ○○(이)의 눈이 삶의 시련을 보는 대신 삶의 축복을 보는 데 열려지기 원합니다. 사단이 주는 불평, 원망, 시기심, 고집, 욕심, 보복심, 미움, 교만, 혈기, 열등의식 등과 같은 불량식품은 ○○(이)의 영혼에서 감사를 빼앗아 가는 나쁜 것들임을 깨닫게 하옵소서.

　주님, ○○(이)가 감사하는 마음에는 사단이 슬픔의 씨를 뿌릴 수 없음을 삶으로 체험하게 하여 주옵소서. 불평을 늘어놓는 데 자신의 시간을 쓰지 말게 하시고 오히려 감사한 것이 무엇인지를 찾는 일에 자신의 시간을 쓰게 하옵소서. 그래서 그 마음에 불평의 영역이 좁아지고 감사와 찬양하는 영역이 넓고 깊어지게 하옵소서.

　주님, ○○(이)가 감사의 조건을 따져 감사하는 자가 아니라 매사에 감사하는 긍정적인 성품이 되게 하옵소서.
　예수님의 이름으로 기도합니다. 아멘.

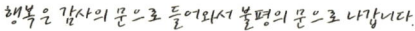

행복은 감사의 문으로 들어와서 불평의 문으로 나갑니다.

범사에 감사하라 이는 그리스도 예수 안에서 너희를 향하신 하나님의 뜻이니라 (살전 5:18)

분별력이
있게 하소서

우리에게 이성의 능력을 주신 하나님!

○○(이)에게 사물을 올바르게 판단하는 복을 주옵소서. 주님께서 주신 생각하는 힘이 기초가 되어 뛰어난 영적 분별력을 주옵시고, 그로 인해 지혜로운 삶을 살게 하옵소서.

주님, ○○(이)는 여러 가지로 연약할 수밖에 없습니다. 이성의 힘도 약하고, 사물의 이치를 바로 판단할 수 없습니다. 주님, 이런 상황 속에서 ○○(을)를 도와주옵소서. 악에게 미혹되지 않도록 영적인 분별력을 허락해 주소서. ○○(이)가 살아가면서 선택해야 할 것들이 너무나 많습니다. 어떤 상황을 만날 때마다. 옳고 그름을 분별하여 선택하는 능력이 있게 하옵소서.

주님, ○○(이)의 인격에 장애를 주는 악한 요소들을 물리쳐 주옵소서. 건강한 정신력을 주시고, 악에게 자신의 의지를 내주지 않게 하옵소서. 저희 ○○(이)는 하나님께 속한 자들이오니 진리의 영이신 성령님이 붙드셔서 영육간에 강건한 삶을 살게 하옵소서.

예수님의 이름으로 기도합니다. 아멘.

바른 판단과 뛰어난 분별력은 건강한 마음에서 생겨납니다.

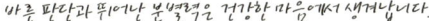
위엣 것을 생각하고 땅엣 것을 생각지 말라 (골 3:2)

건강 관리를 할 줄 아는
지혜를 주소서

　자녀에게 건강의 복을 주시는 하나님, 저희 ○○(이)에게도 하나님의 창조원리에 따라 자신의 몸을 잘 관리하여 체질을 개선할 수 있게 하옵소서. 건강할 때 건강을 관리할 수 있는 지혜로움을 주옵소서. 매사에 절제와 검소한 생활을 하게 하셔서 과로로 인해 몸이 상하는 일이 없도록 하여 주시기를 원합니다. 일과 휴식을 지혜롭게 유지함으로 몸의 균형을 조화롭게 유지시켜 나가게 하옵소서.

　또한 잘 먹고 잘 소화시키되 편식하지 않고 영양을 고르게 섭취할 수 있도록 은혜를 주옵소서. 특히 인스턴트와 기름진 음식은 피하게 하옵시고, 유기질이 많은 토양에서 자란 식물성 음식을 많이 먹고 자랄 수 있는 복을 허락해 주시기를 원합니다.

　비만, 당뇨와 같이 음식 조절로 인해 생기는 병으로부터 자유함을 얻을 수 있도록 건강의 복을 더해 주시옵소서. 부지런히 일하면서도 끊임없는 몸 관리를 통해 질병을 예방하고 스스로 치료받을 수 있는 복을 누리는 ○○(이)가 되기를 원합니다.
　예수님의 이름으로 기도합니다. 아멘.

내 건강의 비결은 쓸데없는 일에 조금하지 않은 것입니다. 여유를 즐기려고 노력했습니다. 에디슨

지혜를 얻는 자에게 생명이 되며 그의 온 육체의 건강이 됨이니라 (잠 4:22)

강건한 복을 주소서

인간에게 생명을 주신 하나님, ㅇㅇ(이)가 주님이 주신 몸을 잘 돌보게 하시고 죄로 인해 건강을 해치는 일이 없도록 축복해 주옵소서. 자녀의 육체뿐만 아니라 정신과 마음까지도 주님의 보호하심 가운데 있게 하옵소서.

주님, ㅇㅇ(이)에게 자신의 건강을 지키는 규칙을 갖게 하옵소서. 무엇보다 정신을 풍요롭게 하는 보람있는 일을 하며 살게 하옵소서. 그리고 일찍 자고 일찍 일어나는 생활이 되기를 원합니다. 매사에 잘 먹고, 잘 자고, 잘 배설하고, 잘 뛰노는 복을 주시고 그 마음에 기쁨과 사랑을 가득 채워주셔서 좋은 컨디션을 유지하게 하옵소서. 주님은 생명의 근원이 되시니 ㅇㅇ(이) 몸의 모든 기관을 축복하여 주옵소서.

주님, 주님이 주신 몸을 잘 관리함으로 일생 동안 장기간 병원에 입원하는 일이 없게 하시고, 오고가는 모든 길을 지켜 주셔서 교통사고 당하지 않게 하옵소서.

시냇가의 심은 나무가 늘 건강하듯이 하나님의 은혜에 뿌리를 견고히 내린 영혼되게 하옵소서. 그래서 어떤 어려운 난관이나 환경이 닥쳐온다 할지라도 요동치 않고 현혹되지 않는 영육간의 강건한 복을 허락해 주옵소서.

예수님의 이름으로 기도합니다. 아멘.

천하를 주고도 살 수 없는 게 건강입니다.

저는 시냇가에 심은 나무가 시절을 좇아 과실을 맺으며 그 잎사귀가 마르지 아니함 같으니 그 행사가 다 형통하리로다 (시 1:3)

막힘없는 길

주여!
나의 방황하는 마음이 망설이며 용기를 잃어 버릴
때,
가장 지혜로운 사람이 이 저녁에
더 이상 아무것도 보지 못하고
내일에 해야 할 일이 무엇인지 알지 못할 때.

주여!
당신과 함께 살아가는 것이 이토록
평안하고
당신을 믿는 것이 이토록 마음이 놓이는지요!
당신께서 살아 계신
영원한 영광의 정상을 향하여
선하게 인도하시는 모든 길이 막히지 않았음을
보여주시기 위해
당신께서 언제나 염려하고 계시다는
뚜렷한 확신을 저에게
베풀어 주옵소서.

지금까지 내가 실의에 빠져 있었을 때
내 영혼을 짓누르던
어둠의 깊이를 보려고
가던 길을 돌이키는 순간 놀라움을 금치
못했나이다.
기나긴 역사의 여정 동안
인류에게 비추어 주시는 당신의 광명이
내 얼굴에도 흐르게 되었나이다.
그 빛을 언제나 가슴에 새기기 위해
나에게 필요한
것을 베풀어 주옵소서.
그리고 나는 잘 알고 있나이다.
마음속에 뜻을 품고도
내가 이루지 못한 일을
다른 이들이 이룰 수 있도록
당신께서 또 다른 길을
예비하였다는 것을

▷ 솔제니친 〈기도〉

이웃을 돕는
복을 주소서

    섬김의 본을 보여주신 주님, 주님이 저희를 섬기시듯, ○○(이) 또한 자기의 주변 사람들을 주님처럼 섬기며 사랑하는 자가 되게 하옵소서.
    학교에 가서는 선생님을 잘 섬기고, 반의 어려운 친구들을 잘 돌볼 수 있는 선한 마음을 주옵소서. 봉사와 섬김의 자리가 자신의 자리임을 깨닫고, 남을 돕는 데 앞장서는 ○○(이)가 되기를 원합니다. 늘 낮은 곳, 그늘진 곳에 서야 하는 것을 자신의 소명으로 여기며, 아름다운 천사와 같은 삶을 살게 하옵소서.
    주님, ○○(이)가 열심히 공부하고 노력하는 목적이 남을 섬기고 풍요롭게 하는 데 있게 하옵소서. 삶의 모든 영역에서 이웃을 성장하도록 돕는 것이 바로 자신에게 유익한 것임을 깨닫는 지혜로운 자가 되기를 원합니다.
    예수님의 이름으로 기도합니다. 아멘.

남을 위해 봉사하는 사람들은 대부분 건강하고 행복한 인생을 누립니다.

서로 대접하기를 원망 없이 하고 각각 은사를 받은 대로 하나님의 각양 은혜를 맡은 선한 청지기같이 서로 봉사하라. (벧전 4:9)

시간 관리를
잘하게 하소서

　우리에게 시간을 선물로 주신 하나님, 인생을 복되게 하셔서 하나님을 알게 하시고, 고귀한 시간을 주심으로 인생의 참의미를 알게 하심을 감사드립니다.
　주님, 저희 ○○(이)에게 복을 주시되 시간의 주인이 자신이 아니라 하나님임을 분명하게 인정하며 살게 하옵소서. 아침에는 큐티와 기도로, 저녁에는 가정예배로 하루의 시간을 하나님 중심적으로 쓰는 자녀가 되기를 원합니다.
　또한 한 주간의 시간 속에 자신에게 주어진 시간을 거룩하게 사용하게 하여 주옵소서. 행복한 월요일, 복된 화요일, 기쁨이 충만한 수요일, 즐거운 목요일, 참 좋은 금요일, 영광스러운 토요일, 천국을 경험하는 주일이 되게 하옵소서.

　주님, ○○(이)로 하여금 시간을 낭비하는 어리석음을 범치 않도록 채찍질하여 주옵소서. 컴퓨터 앞에 앉을 때도, TV나 비디오, 오락을 할 때도 규모있게 시간을 활용하는 지혜를 주옵소서.
　게으름으로 시간을 물 쓰듯 쓰지 말게 하옵소서. 그리고 사는 날 동안 언젠가는 자기가 하나님 앞에 서야 할 자임을 잊지 말게 하옵소서. 주님의 심판대 앞에 섰을 때 부끄러움으로 그 날을 맞지 않게 하시고 시간 앞에 겸손한 자 되게 하옵소서.
　예수님의 이름으로 기도합니다. 아멘.

자기의 날은 시간들을 소중히 맞이하는 것이 가장 큰 지혜입니다.
우리에게 우리 날 계수(計數)함을 가르치사 지혜의 마음을 얻게 하옵소서 (시 90:12)

긍정적인 삶을
살게 하소서

　인간의 불가능을 가능으로 바꾸시는 주님, 저희 ○○(이)에게 불가능함에 도전하는 긍정적인 마음을 주옵소서. 예수님이 하나님 앞에서 "예"만 하셨듯이 저희 ○○(이)도 긍정적인 생각과 삶의 자세로 복된 삶을 살게 하옵소서. 예수님이 가신 곳마다 부정적인 장소가 긍정적인 장소로 바뀌었듯 ○○(이)의 인생도 황무지에서 장미꽃을 피우는 삶이 되게 하옵소서. 발걸음이 닿는 곳곳마다 감옥이 별장으로, 고난이 영광으로 슬픔의 눈물이 찬란한 기쁨의 눈물로 변하는 삶이 되게 하옵소서.

　주님, 어떤 시련을 당해도 오뚝이처럼 일어나 희망을 꽃피우는 창조적인 인생을 살게 하옵소서. 언제 어디서든 환경에 매이지 않게 하시고, 용사와 같이 난관을 극복하고 포기하지 않고 끈질기게 참고 노력한 결과, 승리하는 인생이 되게 하옵소서.
　주님, 저희 ○○(이)에게 어떤 절망적 상황에서도 비관적인 언어를 사용하지 않게 하시고, 밝은 성격과 기쁨으로 웃을 수 있는 낙관적 인생관을 주옵소서. 주님, ○○(이)는 주님의 은혜로 복을 받기 위해 태어난 자임을 믿고 감사드립니다.
　예수님의 이름으로 기도합니다. 아멘.

성공하는 자들은 그들 앞에 놓인 불가능을 가능으로 바꾼 자들입니다.
내게 능력 주시는 자 안에서 내가 모든 것을 할 수 있느니라 (빌 4:13)

소망을 품는 자
되게 하소서

살아서 역사하시는 주님, ○○(이)가 자신의 연약함이 모두 드러나고, 주변의 모든 가능성이 닫히는 상황에 임할지라도 결코 절망하거나 원망하거나 포기하지 말고 모든 상황에 실존하시는 하나님을 믿는 믿음으로 일어서게 하옵소서. 마른 뼈에 생기를 넣어 살리시는 하나님의 능력을 믿음으로 소망을 갖게 하옵소서. 그의 마음이, 그의 생각이, 그의 말이 소망을 담은 자가 되어 늘 긍정적인 행동으로 나타나게 하옵소서. 우리는 연약해도 하나님은 강하시며, 우리의 형편이 어두워도 빛 되신 주는 능력이 한이 없으심을 소망하게 하옵소서.

소망과 긍정적인 삶을 위해 무엇보다 하나님 앞에서 말과 행실을 삼가게 하시고, 하나님의 역사하심을 기다릴 줄 아는 인내와 지혜를 주옵소서. 때때로 자신의 연약함 앞에서 정직하되 스스로 무너지기보다는 ○○(이)를 일으키시고 ○○(이)를 위해 일하실 하나님을 바라보게 하옵소서.
예수님의 이름으로 기도드립니다. 아멘.

언제 어디서나 하나님을 소망하는 자는 무너지지 않습니다.

기쁨으로 모든 견딤과 오래 참음에 있게 하시고 (골 1:11)

우리를 소중히 여기시는 하나님

상대방이 누구이든 진심으로 소중히 여기는 마음을 갖게
해주십시오.
주님이 우리를 얼마나 소중히 여기시는지를 생각하여 한 사람
한 사람의 고귀함을 깨닫게 해주십시오.
주님이 십자가에 오르심으로써 하나님의
아들이 되게 하신 인간의 고귀함을 깊이 깨달아,
이웃을 소중히 대하는 마음을 갖게 해주십시오.
있지도 않은 장점을 이웃에게서 찾아내려 꿈꾸지 말고, 그렇다고
단점에만 마음 쏟지도 말며
오직 장점을 보고 그를 존경하게 해주십시오.
언제나 약자를 감싸주고, 사람을 소중히 여기는 너그러운 마음을
갖게 해주십시오.
자신도 모르는 사이에 인간의 마음속에 놀라운 변화를 가져오는

하나님 은혜의 힘을 굳게
믿고 그 역사하심을 존중하는 마음을 갖게 해주십시오.
기대했던 것이 이루어지지 않더라도 좌절하지 않고 어떤 사람에게든
보다 나아질 수 있다는 기대를 안고 인내롭게 기다리는 법을
가르쳐 주십시오.
이웃의 성공을 기뻐하고 영혼의 아름다움을 깨닫는 활달한
마음을 갖게 해 주십시오.
마음에서 우러나오는 호의로 이웃과 사귀며 사랑의
첫걸음인 존경을 마음속 깊이 보존케 해 주십시오.

▷ J. 갈로

생각이
푸르르게 하소서

자녀에게 생각하는 능력을 주신 주님, ○○(이)가 여호수아와 갈렙처럼 생각이 긍정적이어서 미래를 열어가는 인생이기를 원합니다. 좋은 습관이 그 사람의 미래를 성공으로 이끌 듯, ○○(이)에게 창조적으로 사고하는 습관을 주셔서 창조적인 말을 하게 하시고 그것이 결국 창조적인 행동으로 이어지게 하옵소서.

주님, ○○(이)가 믿음 없는 생각이 두려움을 낳고, 경솔한 생각이 실패를 초래함을 깨닫게 하옵소서. ○○(이)의 생각을 긍정적인 방향으로 이끌어 주셔서 희망을 갖고 살아가는 자가 되게 하옵소서. 모든 것이 생각의 결과임을 압니다. ○○(이)가 원하면 얻고, 열망을 품으면 이룬다는 확신있는 마음 자세로 매사에 성공을 향해 도전하게 하옵소서.

특히 ○○(이)가 생각의 수준을 높여서 꿈과 목표를 설정하고, 자신의 생각을 과단성 있게 통제하는 생각이 푸르른 자가 되게 하옵소서. 꿈과 비전을 품고 생각하며 성공적으로 이루어가는 축복 받는 삶을 살게 하옵소서.

예수님의 이름으로 기도합니다. 아멘.

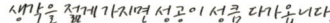
생각을 젊게 가지면 성공이 성큼 다가옵니다.

그러므로 함께 하늘의 부르심을 입은 거룩한 형제들아 우리의 믿는 도리의 사도시며 대제사장이신 예수를 깊이 생각하라 (히 3:1)

잘못된 습관은 버리며
좋은 습관을 갖게 하소서

경건에 이르기를 연습하라 말씀하신 주님, ○○(이)에게 나쁜 습관들을 고칠 수 있는 은혜를 주옵소서. 버려야 할 입버릇과 부정적인 습관들을 말끔히 버리고 인생을 성실하게 살아가게 하옵소서. 공짜 좋아하는 버릇, 서두르는 버릇, 유명 메이커 좋아하는 버릇, 약속 잘 지키지 못하는 버릇, 헐뜯기 좋아하는 버릇, 어려운 사람을 얕보는 버릇, 인사하기 싫어하는 버릇, 게으른 버릇, TV 보기 좋아하는 버릇, 씻기 싫어하는 버릇 등 잘못된 삶의 방식과 습관들을 주님 안에서 버리게 해주시기를 원합니다.

주님, 어려서부터 ○○(이)에게 좋은 버릇들이 생활화되게 하옵소서. 절제하고, 운동하며, 시간을 잘 지키고, 주변을 잘 정돈하고, 일찍 일어나며, 이불 잘 개키고, 하루 세 번 이를 잘 닦고, 친절하게 인사하며, 자주 손 씻고, 음식 가려 먹지 않고, 작은 소리로 말하며, 성내지 않고 집중해서 공부하는 바람직한 아이로 자라나게 하옵소서.

주님, ○○(이)에게 기도하는 습관을 허락해 주옵소서. 기도를 통해 자신을 바라보는 습관을 갖게 하옵소서. 기도 가운데 그때그때마다 주님의 음성을 듣게 하옵소서. 주님의 음성을 즐거워하여 그 음성에 순종하게 하옵소서. 순종함으로써 신앙의 열매 맺는 귀한 자녀가 되게 하옵소서.

예수님의 이름으로 기도합니다. 아멘.

습관은 밧줄과 같아서 매일 짜고 있고, 이미 짜여 있는 습관은 파손되지 않습니다.

너는 범사에 그를 인정하라 그리하면 네 길을 지도하시리라 (잠 3:6)

분노의 감정을
다스리게 하소서

주님, ○○(이)가 자신의 감정을 다스릴 수 있는 절제력이 매우 부족합니다. 그로 인해 자주 짜증내고, 조급해 하며, 쉽게 분노하고 성내서 부모의 마음을 아프게 할 때가 참으로 많습니다. ○○(이)가 자기 감정을 잘 조절할 수 있게 하시고, 넓은 마음을 주시기 원합니다. 자기 뜻대로 잘 되지 않을 때 쉽사리 화를 내지 않게 하시고, 비교당하거나 무시당할 때 가벼운 마음으로 넘어갈 수 있는 여유를 주시옵소서. 사람들과의 만남에서 자기 잘못이 노출되었을 때 신속히 사과하고, 다른 사람의 잘못을 보았을 때 인자하게 여기며 용서하는 아이로 자라나게 하옵소서.

주님께서 용서하신 것처럼 ○○(이)도 자기 마음속에 품고 있는 이 분노를 하나님 앞에 내어놓고 미워하는 친구, 원망하는 사람, 마음속에 분을 품었던 사람에 대해서 과감히 용서를 선언할 수 있게 하여 주옵소서. 학교에서든지, 교회와 가정 등 사람들이 모인 곳에서든 어디서나 화가 날 때 지혜롭게 이 분노의 감정을 처리하는 자녀가 되게 하옵소서.

예수님의 이름으로 기도합니다. 아멘.

자신의 감정을 자주 드러내는 것은 자신이 미련한 자임을 증명하는 것입니다.

노하기를 더디하는 것이 사람의 슬기요 허물을 용서하는 것이 자기의 영광이니라 (잠언 19:11)

재정관리를
잘하게 하소서

　우리에게 물질의 복을 주신 하나님, ○○(이)에게 물질을 잘 관리할 수 있는 복을 주옵소서.
　주님, ○○(이)가 재물을 하나님보다 더 섬기지 않도록 말씀에 기초한 물질관을 갖게 하옵소서. 사치하거나 낭비하는 곳에는 매우 인색하게 하시고, 하나님의 사업과 어려운 이들을 돕는 데 있어서는 풍성한 자가 되게 하옵소서. 어려서부터 용돈을 지혜롭게 쓰게 하시고, 매사에 십일조와 감사헌금을 철저히 드리는 아이가 되기를 원합니다. 올바른 물질관 속에 선교와 구제하는 일에 앞장 서게 하옵소서.

　주님, ○○(이)에게 써야 할 곳과 쓰지 말아야 할 곳을 냉철하게 분별할 수 있는 지혜를 주옵소서. 항상 넉넉하여 많은 사람들을 도울 수 있도록 자녀의 필요를 채워주실 것을 믿습니다. ○○(이)에게 경제적인 자유를 누리게 하셔서 배워야 할 것에 부족함이 없도록 채워주시되 남아서 낭비하거나 돈이 새는 곳을 막아주옵소서. 풍족하거나 혹은 빈곤하고 부족하더라도 주님을 생각함으로 감사하게 살아가는 자가 되기를 원합니다.
　예수님의 이름으로 기도합니다. 아멘.

하나님은 버는 돈을 계산하시지 않고 쓰는 돈을 계산하십니다.

오직 너희를 위하여 보물을 하늘에 쌓아 두라 거기는 좀이나 동록이 해하지 못하며 도적이 구멍을 뚫지도 못하고 도적질도 못하느니라 (마 6:20)

하나님이 예비하신
배우자를 만나게 하소서

가정을 통해 우리에게 복을 주시는 하나님!
주님, 준비된 마음 가운데 하나님이 예비하신 배우자를 만나게 하여 주옵소서. 무엇보다 결혼을 통해 주시려는 하나님의 행복을 마음껏 받아 누릴 수 있도록 환경을 축복해 주옵소서. 서로 돕고 서로 세워주는 만남이 되게 하시고, 욕망에 이끌려 실수하는 만남이 되지 않도록 역사하여 주옵소서.

특별히 자녀의 배우자에게 좋은 성품을 주옵소서. 결혼을 위해 많은 기도를 바친 자이게 하시고, 부모를 공경하고, 교회생활에도 신실한 자가 되게 하옵소서. 그리고 가정을 좋은 성품으로 세워나가며, 자녀에게 모범이 되는 부모가 되게 하시고, 상대방의 가족을 자신의 가족처럼 돌보는 넉넉한 마음을 가진 자를 허락하여 주옵소서.

몸과 영혼이 건강한 만남이 되어, 가정의 화목을 이루며, 일생 하나님의 축복된 가정을 이루며 살아가게 하옵소서.
예수님의 이름으로 기도합니다. 아멘.

최고의 배우자상은 언제나 자신과 상대방 사이에 하나님이 계시도록 하는 자입니다.

집과 재물은 조상에게서 상속하거니와 슬기로운 아내는 여호와께로서 말미암느니라 (잠 19:14)

신실한 부부 관계를
이루게 하소서

　　○○(을)를 만드시고 지금까지 자라게 하시며 앞으로도 ○○(이)의 모든 삶을 주관하실 하나님 아버지여.
　　원하옵기는 우리 ○○(이)가 만나서 아름다운 사랑의 감정을 나눌 사람을 주께서 친히 택하시고 붙여 주시기를 원합니다. 세상의 기준이나 욕심이 곁들여지지 않게 하시고 하나님이 정하신 사람을 만나게 하옵소서. ○○(이)가 하나님이 창조하시고 택하시고 준비시킨 사람을 붙이실 때에 알아볼 수 있는 분별력을 주옵시고, 그 사람과 만나 주께서 주신 아름다운 사랑을 나누고 둘이 하나 되어 부모의 곁을 떠날 때 말씀에 의지하여 그들의 가정을 세우게 하옵소서.

　　가정을 이루며 사는 동안 생각이 서로에게 정직하며, 감정이 서로에게 단정하며, 마음이 서로에게 정결하여, 두 사람이 함께 하는 동안 서로가 건강하여지고 두 사람이 함께 하는 동안 서로가 자라가게 하옵소서. 또한 기도하면서 문제들을 해결하며, 서로에 대한 신뢰의 끈이 견고하여 때로는 서로에게 냉랭하여지기도 하고, 때로는 서로에게 오해와 고집으로 미움이 싹트기도 하고, 때로는 서로에게 지칠 때에도 두 사람이 둘이 아닌 하나임을 깨달아 빨리 관계를 회복시킬 힘이 되게 하옵소서.

　　두 사람이 말씀 안에서 지혜롭게 서로를 알아가며 이해하고 용납하며 서로를 세워갈 때 그들을 통하여 한 가정이 건축되며, 그 안에서 자녀들이 자라가며 믿음을 유산으로 이어가는 복 있는 가정을 이루게 하옵소서. 두 사람의 뜻이 하나로 통하여 자신들의 인생을 꾸려가는 일과 자녀를 양육하는 일에도 부부가 함께 이야기하고 기도하며 짐을 서로 나눠지는 지혜도 주옵소서.

남편은 아내를 사랑하되 끝까지 사랑하고, 아내는 남편을 신뢰하되 끝까지 신뢰하며, 남편은 아내를 보살피되 자기 딸처럼 보살피며, 아내는 남편을 존경하되 아비같이 존경하여 서로가 필요를 채워주며, 서로가 서로의 연약함을 도우며, 서로가 서로의 아픔을 안아주고, 서로가 서로에게 기쁨이 되며, 서로가 서로에게 힘이 되어 세상을 향해 나갈 때 든든한 동역자로, 친구로 살아가게 하옵소서.

그들이 함께 인생을 나누는 동안 함께하는 기쁨이 충만케 하시고, 그들이 함께 인생을 나누는 동안 서로가 온전하여지며, 그들이 함께 인생을 나누는 동안 소망이 넘치게 하옵소서. 주 안에서 사랑하며, 주 안에서 계획하며, 주 안에서 자녀들을 양육하며, 주 안에서 열매를 맺어 하나님 아버지를 기쁘시게 하며, 하나님 아버지께 귀하게 쓰임을 받으며, 하나님 아버지께 사랑 받는 두 사람이 되게 하옵소서.
예수님의 이름으로 기도드립니다. 아멘.

주님의 가정은 주님이 책임지고 이루어 가십니다.

이를 위하여 내가 전파하는 자와 사도로 세움을 입은 것은 참말이요 거짓말이 아니니 믿음과 진리 안에서 내가 이방인의 스승이 되었노라 (딤전 2:7)

결단력 있게 하소서

우리에게 선택의 권한을 주신 주님, 저희 ○○(이)에게 결단할 수 있는 지혜의 복을 주옵소서.

주님, ○○(이)에게 많은 어려움이 닥치더라도 용감하게 맞서 이겨낼 수 있는 강인한 정신력을 주옵소서. 행동하기 전까지는 치밀한 계획을 세우게 하시고, 그것을 행동으로 옮길 때에는 과감하게 도전하는 용감한 ○○(이)가 되기를 원합니다. 주님이 ○○(이)에게 좋은 기회를 허락하셔서. 그때마다 올바른 결정을 내릴 수 있도록 도와주소서. 우유부단하게 머뭇거리면서 어떻게 해야 할지 몰라 자신의 생각조차 정하지 못해 매사를 뒤로 미루는 마음을 벗어버리게 하여 주옵소서.

주님, 매사에 비평만 하고 망설이기보다 모든 것이 불가능하게 보일지라도 용감하게 행동할 때를 알아 돌파구를 찾는 결단력이 있기를 원합니다.

특별히 구합니다. 불의함 속에서도 과감한 결단력으로 불의를 고쳐나가게 하시고, 주님의 믿음 가운데 자신의 미래 또한 담대한 용기로 개척해 나가게 하옵소서.

예수님의 이름으로 기도합니다. 아멘.

성공하고 부자로 살려면 내일이 아니라 지금 결정하고, 지금 당장 판단해야 합니다.

오직 너는 마음을 강하게 하고 극히 담대히 하여 나의 종 모세가 네게 명한 율법을 다 지켜 행하고 좌로나 우로나 치우치지 말라 그리하면 어디로 가든지 형통하리니 (수 1:7)

창조적인 응용력과
지혜의 집중력을 주소서

　자녀에게 맑은 정신을 주시는 주님, ○○(이)의 주위에 역사하는 산만한 영들을 제거하여 주옵소서. 계속해서 자녀의 생각을 빼앗아 죄짓고 파괴적인 일에 몰두하게 하려는 악한 영들의 세력을 예수의 이름으로 물리쳐 주옵소서. 그로 말미암아 ○○(이)의 정신세계가 푸른 초장처럼 안정되게 하셔서 그 상태에서 집중함으로 백 배의 결실을 맺는 삶이 되게 하옵소서. 또한 ○○(이)의 지성을 축복해 주시기를 원합니다. 생각하고 관찰하는 힘을 배가시켜 주심으로 원리를 빨리 파악하게 하시고, 그것을 창조적으로 응용할 수 있는 지혜의 집중력을 주옵소서. 인생의 목표가 분명해지게 하시고, 자신이 집중해야 할 인생의 목표를 분명히 보게 하여 주옵소서. 그 결과 자신이 해야 할 일을 소홀히 하지 않게 하시고, 계획성을 가지고 시간을 창조적으로 사용하는 삶이 되게 하옵소서.
　예수님의 이름으로 기도합니다. 아멘.

담대함과
평안함을 주소서

　날마다 주의 말씀을 묵상함으로 세상을 이길 지혜를 얻게 하시는 주님, ○○(이)가 주의 말씀을 지키고 행함으로 그가 갈 길을 알게 하시며, 날마다 주의 말씀에 자신의 삶을 비추어 좌로나 우로나 치우침 없이 바른 길을 걷게 하옵소서. 주의 말씀이 ○○(이)의 마음 안에 있음을 인하여 담대함을 얻게 하시고, 주의 말씀을 지키고 행함으로 평안을 누리게 하옵소서. 작은 일에도 세상과 타협하지 않음으로 당당하게 하시고, 어떤 일에도 비굴하거나 소심하지 않게 하옵소서. 항상 주의 말씀에 따라 살며 주께 순종함이 그에게 무기가 되며, 힘이 되어 살게 하옵소서. 그러함으로 인하여 그의 삶이 주 앞에서 평안을 누리게 하옵소서.

　○○(이)가 범사에 주를 힘입어 평안을 빼앗기지 않도록 그의 마음과 생각을 지켜주옵소서. 사소한 일은 그냥 넘길 수 있는 여유를 주시고 큰 일 앞에서 놀라거나 요동됨 없이 감당할 수 있는 담대함을 주옵소서.
　예수님의 이름으로 기도합니다. 아멘.

담대함은 세상을 이기는 무기입니다.

오직 너는 마음을 강하게 하고 담대히 하라 나의 종 모세가 네게 명한 율법을 다 지켜 행하고 좌로나 우로나 치우치지 말라 그리하면 어디로 가든지 형통하리라 (여호수아 1:7)

고통은 영혼의 과육이 되고

위험으로부터 벗어나게 해달라고
기도하지 말게 하옵시고
위험에 처하여서도 겁을 내지 말게 해달라고
기도하게 하옵소서.
고통으로부터 벗어나게 해달라고
기도하지 말게 하옵시고
고통에 처하여서도 그 고통을 이길 수 있는
용기를 달라고 기도하게 하옵소서.

인생의 싸움터에서
동조자를 찾게 해달라고 기도하지 말게 하옵시고
인생과 싸워서 승리할 스스로의 힘을 달라고
기도하게 하옵소서.

겁쟁이가 되길 원치 않습니다.
손길을 내밀어 주옵소서.
언제나 내가 기뻐하고 성공할 때만 하나님이
나를 도와준다고 생각하지 말게 하옵시고
매일매일 내가 슬프고 괴로울 때 남이
나를 핍박하고 내가 배고플 때
하나님이 내 손목을 꼭 붙잡고 계심을 믿게 하옵소서.

▷ 타고르 〈기도〉

훌륭한 선생님과
선배를
만나게 하소서

　사람과의 만남을 통해 우리에게 복을 주시는 하나님, 저희 ○○(이)에게 훌륭한 스승을 만나게 하옵소서. 훌륭한 유치원 교사를 만나게 하셔서 아이가 바른 교육을 받게 하시고, 훌륭한 초등학교 교사를 만나게 하셔서 미래에 대한 꿈을 갖게 하시고, 훌륭한 중·고등학교 교사를 만나게 하셔서 건강한 자아상을 확립하게 하시고, 훌륭한 대학 교수를 만나게 하셔서 학문의 깊이를 더해가게 하옵소서. ○○(이)가 스승의 가르침 속에 잘 자라 사회에 꼭 필요한 자로 있게 하시고 일생 스승을 존경하며 살아가게 하옵소서.

　특별히 배움의 여정 속에 만나게 될 분들에게 복을 주셔서 ○○(을)를 인생을 견고히 세워주는 자들이 되게 하옵소서. 학교에서는 신실한 선배를 만나 좋은 학업의 본을 배우게 하시고, 직장에 가서는 비전이 있는 선배를 만나 인생의 폭을 넓혀가게 하옵소서.
　○○(이)가 일생 동안 배움의 일을 멈추지 않게 하시고, 그 모든 과정에서 만나게 될 훌륭한 윗사람을 만나게 하시사 풍요로운 인생이 되게 하옵소서. 일생 동안 사람들을 통해 견고히 세워지는 인생이 되게 하시고, 좋은 가르침을 주는 이들이 자녀의 주변에 끊이지 않도록 인도하여 주시기를 원합니다.
　예수님의 이름으로 기도합니다. 아멘.

좋은 신앙생활이란 곧 좋은 대인관계로 나타납니다.

이를 위하여 내가 전파하는 자와 사도로 세움을 입은 것은 참말이요 거짓말이 아니니 믿음과 진리 안에서 내가 이방인의 스승이 되었노라 (딤전 2:7)

열등감을
극복하게 하소서

　우리를 하나님의 형상대로 지으신 주님!
　○○(이)가 자기 자신이 하나님의 자녀이며, 주님께서 만드신 놀라운 걸작품임을 알게 하여 주옵소서. 언제나 저희 자녀가 하나님께서 힘이 되어 주시고 능력이 되어주심을 깨닫게 하여 주옵소서.

　주님, 바라옵기는 거절당하거나 비교의식에서 오는 열등감에서 놓임 받게 하여 주옵소서. 친구들과의 관계에서나 학교생활에서 자신의 가치를 스스로 인정하고 살아가는 성숙한 인격을 갖도록 도와주옵소서. 그래서 성령 안에서 무엇이든 할 수 있다는 확신을 가지고 당당하게 살아가는 아이가 되게 하옵소서.

　부정적인 자아상과 환경이 주는 열등감에 눌리지 말게 하시고 늘 새롭게 하시는 하나님의 은총을 덧입게 하여주시기를 원합니다. 열등감을 축복으로 바꾸어 성공적인 삶을 살아가는 아이가 되게 하옵소서.
　예수님의 이름으로 기도합니다. 아멘.

나는 하나님의 사랑을 받아 창조된 위대한 걸작품입니다.
내게 능력 주시는 자 안에서 내가 모든 것을 할 수 있느니라 (빌 4:13)

물질의 축복 주소서

우리를 부요케 하시는 하나님!
○○(이)에게 풍성한 물질의 복을 주셔서 물질로 섬기는 자가 되게 하옵소서. ○○(이)로 하여금 참다운 축복이 물질을 나누는 삶에 있음을 깨달아 그렇게 살게 하시고, 그것을 일생의 축복으로 여기게 하옵소서.

자녀에게 주신 물질의 부요함이 영적인 부요함으로 이어질 수 있도록 은혜를 주옵소서. 무엇보다 물질의 쓰임을 바로 알아 하나님께 드림과 이웃에게 나눔을 조화있게 하시고, 나눔이 행복의 원천이며, 움켜쥠은 불행의 전조임을 깨닫는 ○○(이)가 되게 하옵소서.

주님, ○○(이)의 마음이 하나님의 복을 나눠주는 오병이어와 같은 삶을 살기 원합니다. 도와주옵소서. 받은 물질을 감당하지 못해 넘어지는 어리석은 부자처럼 되지 말게 하시고, 욕심의 마음, 돈을 탐하는 마음들을 물리쳐 주옵소서. 정함이 없는 재물에 소망을 두지 말며, 물질을 하나님보다 더 사랑하지 말게 하옵소서. ○○(이)에게 주어진 모든 물질을 하늘에 쌓아둠으로 받은 복이 영원까지 미치는 삶 되게 하옵소서.
예수님의 이름으로 기도합니다. 아멘

물질의 복은 나누고 주는 자에게 주어질 때 참다운 복이 됩니다.

네가 이 세대에 부한 자들을 명하여 마음을 높이지 말고 정함이 없는 재물에 소망을 두지 말고 오직 우리에게 모든 것을 후히 주사 누리게 하시는 하나님께 두며 선한 일을 행하고 선한 사업에 부하고 나눠주기를 좋아하며 동정하는 자가 되게 하라 (딤전 6:17-18)

존귀한 자녀
되게 하소서

우리를 존귀케 해주시는 하나님!
○○(이)에게 존귀케 되는 축복을 허락해 주옵소서. 주님, ○○(이)가 삶이 어떤 환경에 처하든지 품위있는 삶이 되기를 원합니다. 육신의 일보다 하나님의 일을 더 가치있게 생각하게 하시고, 세상 낙보다 신령한 낙을 추구하며, 자신을 위해 쓰기보다 하나님과 공공의 이익을 위해 사용되어지기를 바라는 고고한 마음을 주옵소서.

주님, 교사나 친구, 선후배와의 사귐에서 사람들에게 집중받는 인생이 되게 하셔서 모범적인 학창시절을 보내게 하여 주시기를 원합니다. 주님, ○○(이)에게 남을 섬김이 존귀케 되는 지름길임을 배우게 하옵소서. 주님이 섬김을 통해 존귀케 되신 것처럼, ○○(이) 또한 예수님처럼 자신을 돌보지 않고 희생과 섬김으로 만나는 모든 이를 귀하게 여기는 자 되게 하옵소서. 섬김의 자리로 스스로 내려가는 사람이 하나님이 인정하는 존귀한 사람임을 믿습니다. 그 행복한 삶에 자녀를 동참시켜 주옵소서.
예수님의 이름으로 기도합니다. 아멘.

존귀한 자를 존귀히 여기면 자신도 존귀한 자가 됩니다.

너희가 나를 선생이라 또는 주라 하니 너희 말이 옳도다 내가 그러하다 내가 주와 또는 선생이 되어 너희 발을 씻겼으니 너희도 서로 발을 씻기는 것이 옳으니라 (마 20:20-28)

기쁨이 충만하게 하소서

우리에게 기쁨을 주시는 하나님!
○○(이)를 기쁨의 샘으로 인도하셔서 항상 기뻐하게 하시고, 하나님의 은혜에 감사하며 살아가게 하옵소서. 그 마음에 즐거움이 넘쳐남으로 모든 것을 긍정적으로 생각하는 자녀가 되기를 원합니다.

주님, ○○(이)에게 기쁨을 관리할 수 있는 능력을 주옵소서. 슬픔 가운데서도 기쁨을 유지하게 하시고, 걱정 근심과 절망 중에서 기쁨을 얻는 지혜를 갖게 하옵소서. 하지만 ○○(이)에게 주어지는 진정한 기쁨은 주님께로부터 옴을 인정하게 하옵소서. 세상이 주는 즐거움에 빠져 주님을 잃어버리지 않게 하여 주시기를 원합니다. 죄를 멀리하게 하시고, 유혹과 쾌락의 환경을 끊고 주님이 주시는 진정한 기쁨과 평강과 희락이 충만하게 하옵소서. 언제나 감사하는 마음으로 살며 기쁨이 넘침으로 주위를 즐겁게 만드는 아이로 자라나게 하옵소서.
예수님의 이름으로 기도합니다. 아멘.

하나님은 하나님을 기뻐하는 자의 소원을 이루어 주시는 분이십니다.
지혜자는 많은 친구를 얻는 자는 해를 당하게 되거니와 어떤 친구는 형제보다 친밀하니라 (잠 18:24)

주님께 영광 돌리는
직업을 갖게 하소서

우리에게 일할 수 있는 복을 주신 하나님!

주님이 일하셨듯 ○○(이) 또한 성실하게 일할 수 있는 복을 주옵소서. 성실함과 진지함으로 생을 살아가게 하시고, 꿈과 비전을 마음껏 펼칠 수 있는 직장으로 걸음을 인도하여 주옵소서. 주님, 저희 ○○(이)에게는 투철한 직업의식을 먼저 심어 주옵소서. 그래서 어느 직업을 택하든 그 직업을 하나님이 주신 소명으로 받아들여 감사하는 자녀가 되게 하옵소서.

주님, ○○(이)가 자라서 일을 하게 될 때 주님이 허락하시는 일을 만나게 하시고, 자신의 꿈과 비전을 이루는 알맞은 직업을 택하게 하여 주옵소서. 아울러 일할 수 있는 건강과 지혜와 능력을 주시고 직장이 하나님 나라를 확장하는 도구가 되게 하옵소서.

주님, 직장의 복과 함께 직장 동료와 화목한 관계의 복을 주소서. 직장 내에서 이해심 많고 비전 있는 상사를 만나 잘 배우게 하시고, 신실한 동료를 만나는 복 또한 허락하여 주옵소서. 동료들에게도 화평을 주는 사람이 되어 언제나 친절하고, 단결과 협조할 수 있는 리더십을 주옵소서. 생계를 영위하기 위한 수단으로서의 직장만이 아니라 더 나아가 직장을 통해 많은 영혼들을 섬기고 구원할 수 있는 은혜를 주옵소서.

예수님의 이름으로 기도합니다. 아멘.

그가 나를 푸른 풀밭에 누이시며 쉴 만한 물 가로 인도하시는도다 (시 23:2)

나의 첫 생각이

오늘
이 시간
나의 첫 생각이 하나님을 찾는 것이 되게 하시고
나의 첫 말이 하나님의
이름을 부르게 하시고
나의 첫 소망이 하나님을 경배하는 것이 되게 하시고
나의
첫 행동이 하나님께 무릎 꿇고 기도하는 것이 되게 하옵소서.

오늘 하루
나의 생각
속에는 순결함이 있게 하시고
나의 말 속에는 진실과 절제가 있게 하시며

일을
함에는 성실과 근면이 있게 하시고
타인에 대해서는 존경과 너그러움이 있게
하옵소서.
이 입술의 기도로
오늘 나의 예배가 끝나지 않게 하시고
내내 나의 삶과
묵상이
당신께 드리는 예배가 되게 하옵소서.

▷ 〈눈물을 그치지 않게 하옵소서〉 中

죽음으로 새롭게 태어나는 나

신이여, 저를 절망케 해주소서.
당신에게가 아니라 제 자신에게
절망하게 하옵소서.
미친 듯 모든 슬픔을 맛보게 하시고,
온갖 고뇌의 불꽃을 핥게 하옵소서.
모든 치욕을 맛보게 하옵소서.
제 자신을 지탱하기를 돕지 마시고,
제가 뻗어 나가는 것을 돕지 마소서.
그러나 저의 온 자아가 어지러질 때
그때에는 저에게 가르쳐 주소서.
당신이 그렇게 하셨다는 것을,
당신이 불꽃과 고뇌를 보내셨다는 것을,
기꺼이 멸망하고
기꺼이 죽어가고 싶습니다만
저는 오직 당신 속에서만 죽을 수 있기 때문입니다.

▷ 헤르만 헤세의 〈기도〉 전문

삶을 향한 열정이
넘치게 하소서

성실하신 하나님, ○○(이)가 하나님을 섬기는 데 부지런하게 하시고, 넘치는 열정으로 살게 하옵소서. 날마다 도우시는 하나님을 바라봄으로 하나님이 자녀의 삶을 움직이는 원동력이 되게 하시고, 삶에 대한 열정이 넘치는 자로 살게 하옵소서. 아울러 주위 사람들에게도 승리에 대한 열정을 전파하는 자가 되게 하옵소서. 주님, ○○(이)에게 땀의 가치를 소중히 여기는 마음을 주셔서 매사가 긍정적이며, 일하는 즐거움을 알아 일평생 보람 있는 인생을 살아가게 하옵소서.

○○(이)의 마음에 늘 창조적인 생각이 넘쳐나게 하시고, 앞날을 신중하게 내다보고, 착실히 계획을 세워 자신의 일에 스스로 전력 투구하는 자세로 살게 하옵소서. 먼 미래를 볼 수 있는 통찰력을 주시어, 폭넓은 지식과 열정으로 미래를 개척해 나가는 자가 되게 하옵소서.

주님, ○○(이)에게 주어지는 매일의 삶이 꿈을 실천에 옮기는 하루하루가 되어 하나님의 영광을 위해 헌신하게 하옵소서. 주님, 청년의 시기에 성실로 씨앗을 뿌리고, 중년의 시기에 결실을 맺음으로 나눠주는 삶이 되게 하옵소서. 언제 어디서든 빛과 소금이 되어 세상을 밝히고 많은 사람들을 돕는 풍성한 삶을 살아가게 하옵소서.
예수님의 이름으로 기도합니다. 아멘.

천재는 1퍼센트의 영감과 99퍼센트의 땀으로 이루어집니다. - 에디슨

부지런하여 게으르지 말고 열심을 품고 주를 섬기라 (롬 12:11)

마음의
평안을 주소서

　우리에게 평안함을 주시는 하나님!
　○○(이)에게 평안의 복을 주옵소서. 어떤 어려움이 닥쳐도 흔들리지 않는 견고한 마음을 주옵소서. 주님, ○○(이)에게서 다음과 같은 단어들을 멀리해 주옵소서. 염려, 근심, 걱정, 불안, 초조, 절망이란 단어가 전혀 어울리지 않는 삶이기를 원합니다. 이러한 단어들이 삶에 없을 수는 없지만, 주님이 주시는 힘으로 염려의 먹구름을 떨쳐버리게 하옵소서. 또한, 앞일에 대한 두려움, 어떻게 살 것인가에 대한 해결책이 주님께 있음을 ○○(이)가 깨달아 알게 해 주옵소서.

　주님, ○○(이)의 어깨 위에 있는 인생의 짐을 주님이 대신 져주시며, 염려와 근심은 백해무익한 것임을 삶으로 체험케 하여 주옵소서. ○○(이)가 근심하기보다는 그 문제를 하나님께 가져옴으로 문제를 해결받게 하옵소서. 모든 인생의 짐을 주님께 맡기고 마음의 평안함을 갖고 사는 삶이 되기를 원합니다.
　예수님의 이름으로 기도합니다. 아멘.

게으르지 말고
부지런하게 하소서

게으름을 싫어하시는 하나님, 저희 ○○(이)의 삶에 부지런한 복을 더해 주옵소서. 주님, ○○(이)가 자신의 일에 열심을 갖고 임할 수 있는 은총을 베풀어 주옵소서. 특히 주님께서 허락해 주신 시간들을 헛되게 사용하지 않도록 인도해 주옵소서. 공부를 할 때나 숙제를 할 때 게으른 마음들을 물리쳐 주셔서 그에 합당한 대가를 누리는 삶이 되게 도와주시옵소서.

주님, ○○(이)에게 자신의 일에 충실할 뿐만 아니라 남을 위해 봉사할 근면한 마음을 주옵소서. 시간을 쪼개어 남을 위해 봉사하고, 그러면서도 기쁘고 즐거운 마음으로 자신의 일에 성실한 땀을 흘릴 줄 아는 그리스도인이 되게 하옵소서.

주님, ○○(이)가 손쉽게 돈을 벌려는 마음을 철저히 끊어 주소서. 모든 일에 최선을 다하는 사람이 되며 주님의 일에 열심을 내는 ○○(이)가 되게 하옵소서.
예수님의 이름으로 기도합니다. 아멘.

신앙을 물려 주는 것이 최고의 재산입니다.

부지런하여 게으르지 말고 열심을 품고 주를 섬기라 (롬 12:11)

어려움 속에서도
낙심하지 않게 하소서

　약할 때 강함 주시는 하나님, 저희 ○○(이)는 약하지만 주님께서 주시는 힘으로 강하고 담대할 수 있음을 믿습니다. 인생의 어려움이 엄습해 올 때에 마음의 눈을 더 멀리, 더 깊이, 더 높게, 바라볼 수 있게 하옵소서. 이 땅의 것을 보면 절망할 수밖에 없지만, 믿음의 눈으로 보면 곧바로 절망을 이기고 희망과 믿음의 열매를 거둘 수 있음을 믿습니다. 주님께서 친히 아이의 삶에 참여하고 계심을 믿음의 눈으로 바라보게 하옵소서.

　주님, 절망이라는 바이러스가 아이의 마음에 뿌리를 내리지 못하도록 속히 제거하여 주시고, 그 대신 희망의 마음, 믿음의 마음, 건강한 마음을 뿌리내리게 해주옵소서. 때론 건강을 잃기도 하고, 시험성적이 떨어지기도 하고, 친구와 이별하기도 하며, 예기치 않았던 재난으로 고난을 당할 때도 있을 것입니다. 주님, 그럴 때에 더 크게 붙들어 주옵소서. 예수님께서 자녀에게 고난을 감당할 힘과 피할 길도 주옵소서. 예수님은 고난 속에서 자녀를 인도하시는 등불임을 믿습니다.
　예수님의 이름으로 기도합니다. 아멘.

하나님을 바라보면 희망을 발견할 수 있습니다.
우리가 주목하는 것은 보이는 것이 아니요 보이지 않는 것이니 보이는 것은 잠깐이요 보이지 않는 것은 영원함이라 (고후 4:18)

만약에 여러분의 자녀가 예수님께서 이 땅에 계실 때에 가르치셨던 것이 무엇인지 안다면, 인생을 살면서 무엇이 옳고 그른 것인지를 판단할 통찰력이 생길 가능성이 높습니다. 그러나 예수님이 여러분 자녀들의 삶 속에 들어와 계신다면, 그리스도의 인격을 가진 사람으로 이미 많은 변화를 겪고 있을 것입니다.

▷ 제임스 케네디, 『인격과 운명』 중에서

온 가족이 함께 모여서 기도하면 반드시 축복을 받게 될 것입니다. 기도는 축복으로 들어가는 통로이기 때문에 이것은 틀림없는 하나님의 약속입니다. 그리고 여러분 가족의 필요뿐만 아니라 다른 가족들의 필요를 위해서 기도하다 보면, 여러분이 도리어 먼저 축복을 받게 될 것입니다. 왜냐하면 은혜와 축복과 은사의 근원이신 하나님을 만나고 있기 때문입니다.

▷ 체리 풀러, 『가족들이 함께 기도할 때』 중에서

아이들은 종종 자기 부모님을 통해서 하나님을 체험합니다. 그래서 우리들의 역할과 책임은 막중한 것입니다. 우리가 하늘에 계신 하나님 아버지를 닮는 삶을 살면서, 예수 그리스도의 삶이 우리를 통해서 아이들에게 흘러내리게 한다면, 우리는 성공적인 부모가 되는 것입니다. 그러나 그렇게 하는 데는 무슨 복잡한 신학적인 작업이 필요한 것이 아닙니다. 아주 간단합니다. 아이들과 함께 시간을 보내면서, 그들을 만져주고, 같이 이야기해 주며, 함께 놀아주고, 기도해 주면 되는 것입니다.

▷ 에니스&바바라 레이니, 『영적으로 강한 가정으로 자라나기』 중에서

자녀를 성공으로 인도하는 축복기도 _ 2부

3. 비전을 위한 기도문

어머니가 된다는 것은 즐거운 일만은 아닙니다.
어머니들은 마치 전쟁터에서 싸우는 군인들과도 같습니다.
어린아이들의 영혼을 위해서 싸우는 것입니다.
질병, 마귀의 시험, 세상의 악한 영향들, 고집 등과 맞서서
아이들을 보호하려고 기도로 싸웁니다.
▷ 조이 하네이, 『어머니의 기도가 하늘을 찌를 때: 자녀를 위해 기도한 어머니들의 이야기』 중에서

솔로몬은 잠언을 적을 때에 "이는 지혜와 훈계를 알게 하며 명철의
말씀을 깨닫게 하며 지혜롭게, 의롭게, 공평하게, 정직하게,
행할 일에 대하여 훈계를 받게 하며 어리석은 자로 슬기롭게 하며
젊은 자에게 지식과 근신함을 주기 위한 것이니 지혜 있는 자는 듣고
학식이 더할 것이요, 명철한 자는 모략을 얻을 것이라"는 말로
시작했습니다. 즉, 부모로서 자녀들을 지혜로 가르칠 의무와
자녀들로서 거기에 대하여 책임적인 삶을 살 의무를 강조한 것입니다.
▷ 리 카터, 『가계에 흐르는 저주를 끊어라』 중에서

하나님이 원하시는
비전을 꿈꾸는 자녀가
되게 하소서

살아서 역사하시는 주님, ○○(이)가 자신이 가진 최대한의 가능성을 키우며, 다른 사람에게 유익을 주는 비전의 씨를 성실히 뿌리는 자이기를 원합니다. 하나님께서 하신 약속에 대해 굳건히 서서 어떤 어려움이 와도 당당하게 맞설 수 있는 강인한 비전 의식을 주옵소서.

주님이 이 시대를 밝히기 위해 비전의 사람들을 찾으실 때, 그 이름에 ○○(이)도 있기를 원합니다. 주님, ○○(이)에게 하나님이 자신의 비전이 되기를 원합니다. 그리고 하나님이 원하시는 바를 아낌없이 이루어 드릴 수 있는 충성스러움을 주옵소서. 하나님이 원하시는 바는 첫째도 둘째도 세계복음화인 줄 압니다.

주님, 이 비전 성취를 위해 ○○(이)가 자신의 생을 헌신케 하소서. 마음에 소원을 주심에 감사하며, 비전의 성취를 위해 행동하는 자가 되기를 원합니다. 또한 그 일을 감사하게 생각하고 최선을 다하게 하옵소서. 비전이 진정 하나님의 부르심에 합당한 비전이고 하나님께 영광을 돌리는 비전이 되기 위해 자신을 쳐서 복종시키는 경건함이 있게 하옵소서.
예수님의 이름으로 기도합니다. 아멘.

비전을 갖는 자만이 목표를 이룹니다.

여호와여 왕이 주의 힘을 인하여 기뻐하며 (시 27:1)

자신의 재능으로
하나님께 영광을 돌리게 하소서

　모든 사람에게 재능을 주시는 하나님, ○○(이)가 하나님이 주신 재능을 발견하게 하소서. 주님의 필요에 따라 주신 수량적인 재능이나 언어적 재능, 예술적 재능 등이 빛을 발하게 하시고, 풍성함이 더하기를 원합니다.
　주님, ○○(이)의 재능이 노력하는 재능이기를 원합니다. 짧은 재능을 의지하여 잔재주 부리지 말게 하시고, 끊임없이 자신을 발전시켜 나가게 하옵소서. 성령님이 스승이 되어 주옵소서. 그래서 교만해질 때 책망하여 주시고 목표를 잃어버릴 때 바른 길을 찾아가도록 인도하여 주옵소서.

　하나님, ○○(을)를 겸손하게 만들어 주옵소서. 자신의 재능을 죄 짓거나 파괴시키는 부분에 쓰여지지 않도록 특별히 인도하여 주옵소서. 악을 유익하게 하는 재능이 되지 말게 하시고, 헛된 영광을 구하지 않게 하옵소서. 오직 하나님의 영광을 위해 쓰여지게 하옵소서.
　주님의 영광을 추구하는 기초 위에 지혜와 지식을 잘 활용할 수 있는 창조적 재능이 합해져서 세계 속에 한국을 드러내는 자가 되기를 원합니다. ○○(이)의 재능이 주님을 기쁘시게 하고 복음의 확장과 세계의 평화를 위해 쓰임 받도록 축복해 주옵소서.
　예수님의 이름으로 기도합니다. 아멘.

천재가 갖춘 재능은 꾸준히 노력할 수 있는 재능입니다.

내 안에 거하라 나도 너희 안에 거하리라 가지가 포도나무에 붙어 있지 아니하면 절로 과실을 맺을 수 없음같이 너희도 내 안에 있지 아니하면 그러하리라 (요 15:4)

꿈과 비전을 위해
노력하게 하소서

심은 대로 거둔다 말씀하신 주님!
○○(이)가 언제나 최선을 다하는 삶을 살게 하옵소서. 혹 작은 실패 속에 자신을 가두지 말게 하시고, 다시 일어서는 열심을 주옵소서. 비록 하나의 재능밖에 못 가졌다 해도 아홉의 노력을 기울여 열 개의 승리를 채우는 자 되기를 원합니다.

공부할 때 우직하게 공부하게 하옵소서. 돌아가는 길이나 샛길이 저 주임을 알아 꾸준히 노력하여 성공하게 하소서. 땀의 가치를 귀하게 여겨 모든 생활에도 정성의 눈물과 노력의 땀과 수고를 아끼지 않게 하옵소서.

주님, ○○(이)가 자신의 비전을 이루기 위해 많은 대가를 지불하게 하소서. 신실함을 주셔서 모든 것을 열매로 갚아주시기를 원합니다. 하지만 주님, 때로는 결실이 나타나지 않아 낙심할 때도 있을 것입니다. 그때마다 주님이 붙들어 주시고, 정성의 씨는 반드시 값진 열매를 거둔다는 진리를 체험케 하옵소서.

대한민국의 미래는 ○○(이)의 것임을 증명하여 주옵소서. 비전의 씨앗을 가슴에 품고 굵은 땀방울로 자라게 하시며, 30배 60배 100배의 열매들로 거두기까지 최선을 다하는 ○○(이)가 되게 하옵소서.
예수님의 이름으로 기도합니다. 아멘.

노력 없는 대가는 없습니다. 있더라도 그것은 '독(毒)'이 될 수 있습니다.

눈물을 흘리며 씨를 뿌리는 자는 기쁨으로 거두리로다 (시 126:5)

세계를 위해
기도하는 자녀가
되게 하소서

　기도를 통해 일하시는 하나님, ○○(이)의 입술의 기도가 끊이지 않게 하옵소서. 기도의 지경을 더 넓혀 주셔서 한국을 넘어 일본, 중국, 대만, 동남아시아, 유럽 등을 품고 기도하게 하옵소서.

　주님, 기도가 세계 역사와 인류 공동체의 미래를 바꿀 수 있다고 믿습니다. 더욱더 기도의 용사들을 불일 듯 일으켜 주옵소서. 기독교의 침체 속에 갈수록 사단의 종교들이 흥왕하고 있습니다. 이로 인해 수많은 영혼들이 예수 그리스도를 거부하려 합니다.
　주님, ○○(이)가 어리더라도 이것을 영적 전쟁으로 이해할 수 있게 하옵소서. 이 시대에 가장 요구되는 사람은 세계를 품고 기도하는 영혼임을 믿습니다. 어린 시절부터 세계 선교와 중보기도에 눈을 떠서 기도를 많이 하는 자가 되게 하옵소서.

　주님, ○○(이)에게 기도의 능력을 체험케 하소서. 그래서 수많은 열매를 맺도록 도와주시고 민족 복음화와 세계 선교를 위해서도 크게 기도하고 응답받을 수 있도록 도와주옵소서.
　예수님의 이름으로 기도합니다. 아멘.

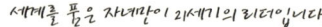
세계를 품은 자녀만이 21세기의 리더입니다.

모든 기도와 간구로 하되 무시로 성령 안에서 기도하고 이를 위하여 깨어 구하기를 항상 힘쓰며 여러 성도를 위하여 구하고 (엡 6:18)

나라와 민족을 위해
쓰임 받게 하소서

대한민국을 사랑하시는 하나님!
저희 ○○(이)에게 나라와 민족을 사랑하는 애국심을 주옵소서. 예레미야가 이스라엘을 사랑하여 눈물로 기도하였던 것처럼, ○○(이)에게도 나라를 생각하는 큰 마음을 주옵소서.

주님, 지금은 그 어느 때보다 더욱더 나라와 민족 그리고 세계를 위해 열심히 일할 인재가 필요한 때입니다. 정치와 경제, 교육, 외교 모든 분야가 어렵고 혼란스럽습니다. 독도가 자신들의 땅이라고 우기는 세력들, 고구려 역사의 정통성을 훼손하려는 세력들이 우리의 숨통을 조여오고 있습니다. 이러한 때 다시금 나라와 민족을 위해 자신을 불살랐던 제2의 안중근, 제3의 김구와 같은 영웅들을 일으켜 주옵소서.

주님, 부족하지만 ○○(이)를 이 위대한 일에 사용하여 주옵소서. 나라를 부강하게 하며, 세계 속에 우뚝 선 나라를 만들기 위해 쓰임 받는 시대의 일꾼이 되게 하옵소서. ○○(이)를 향한 주님의 뜻이 경제인이라면, 빌게이츠를 버금가는 천재적 기업가로 만들어 주옵소서. ○○(을)를 향한 주님의 뜻이 정치인이라면, 링컨을 능가하는 뛰어난 정치가로 만들어 주옵소서.

작지만 큰 대한민국을 세계 속에 심기 위해 아낌없이 쓰임 받는 자녀가 되게 하소서. 이를 위해 갖추고 배울 것이 많사오니 공부를 열심히 하게 하시고, 예수의 정신으로 무장하여 복음으로 세계 정복을 꿈꾸는 비전있는 자녀가 되기를 원합니다.
예수님의 이름으로 기도합니다. 아멘.

나라와 민족을 위해 기도하는 자가 세계의 일꾼이 됩니다.
여호와로 자기 하나님을 삼은 나라 곧 하나님의 기업으로 택신 바 된 백성은 복이 있도다 (시 33:12)

복음의 사명을
알게 하소서

우리의 길을 인도하시는 하나님, ○○(을)를 주님의 축복된 길로 인도하소서. 주님, 자신이 왜 이 세상에 태어났고, 어떻게 살아가야 하는가에 대해 분명한 가르침을 주옵소서. 특별히 자녀의 마음을 크게 열어주셔서 자신의 사명이 무엇인지 분명히 깨달아 알게 하옵소서.

주님, ○○(이)가 이러한 것을 발견할 수 있기 위해서는 배움의 길이 필요합니다. 배움의 길을 열어주옵소서. 먼저 주일학교에서 신실한 교사를 만나게 하옵소서. 그래서 인생의 기초를 하나님께 두는 ○○(이)가 되기를 원합니다. 또한 많은 책을 읽고, 생각하는 가운데 자신의 사명이 구체화되게 하옵소서.

주님, 특별히 구합니다. 저희 ○○(이)로 하여금 하나님을 더 깊이 알게 하시고, 그 과정에서 주님과 자신을 분명하게 알게 하옵소서. 어떤 어려움이 와도 능히 극복하며 복음을 전하는 사명의 사람이 되기를 원합니다.

예수님의 이름으로 기도합니다. 아멘.

인생에서 가장 중요한 일은 자기를 발견하는 일입니다.

여호와여 내가 알거니와 사람의 길이 자신에게 있지 아니하니 걸음을 지도함이 걷는 자에게 있지 아니하나이다 (렘 10:23)

카라마조프가의 형제들

주님이시여 저의 모든 부정한 것과 함께 저를 받아주소서. 저를 심판하지 마소서. 당신의 법정에 세우지 마시고. 저를 허락하소서. 저를 심판하지 마소서. 저는 스스로 저에 대한 판단을 하고 있기 때문입니다. 저를 심판하지 마소서 저는 당신을 사랑하기 때문입니다. 저는 구역질나는 몸이지만 저를 사랑하나이다. 저를 지옥 한 가운데에 떨어뜨리고 싶어 하실지라도 저는 거기서도 당신을 사랑할 것이고 당신을 영원히 사랑한다고 외칠 것입니다.

자녀의
영적 도약을 위한
축복기도문_ 3부

1. 자녀의 영적 성숙을 위한 기도

아이의 거울이 되는 길

아이들의 마음을 헤아리고
아이들의 말을 끝까지 인내하며 듣게 하옵소서.
아이들의 묻는 말에는 단 한마디라도 마음 편안히 대답을 들려주게 하시고
아이들의 말을 가로막거나 핀잔을 주지 않게 하옵소서.
아이들이 나에게 공손하기를 바라는 것같이
나도 아이들에게 공손하게 하여 주소서.
내가 아이들에게 잘못하였다는 것을 깨달았을 때는
나의 잘못을 말하고 아이들의 용서를 구하는 용기를 주소서.
공연히 아이들의 감정을 상하게 하지 않기를 비오며
아이들의 과실을 비웃거나 창피를 주거나
조롱하는 일이 없도록 하여 주소서.
나의 말과 행동으로 정직은 행복의 지름길임을
증거하도록 인도하여 주소서.

내 마음속의 비열함을 깨끗이 씻어 주시고 잔소리를 일삼지 않게 하옵소서.
오 주님이시여, 나의 기분이 언짢을 때 나의 혀를 다스리게 하여 주소서.
아이들의 사소한 잘못에 눈을 가리고, 착한 일만을 보도록 도와 주소서.
아이들의 잘한 일에 대해서는 서슴없이 마음을 다해 칭찬하게 하여 주소서.
아이들의 나이대로 아이들을 대하고,
어른들의 판단이나 관습을 강요하지 말게 하옵소서.

내 스스로의 만족을 위하여 아이들에게 벌을 주는 일을 막아 주소서.
정당한 소원은 빠짐없이 들어주고, 아이들에게 해로운 권리는
언제나 허락하지 않는 용기를 주소서.
나를 공평하고 정의로운 사람, 긍휼이 넘치는 다정한 사람으로 만드시어
아이들의 존경을 받을 수 있는 사람이 되게 하옵소서.
아이들의 사랑을 받고 아이들의 거울이 될 만한 사람으로 만들어 주소서.

▷ 게리 메이어즈 〈어버이의 기도〉 전문

진심으로
용서하게 하소서

사랑의 주님, 먼저 자기 자신을 용서하는 ○○(이)가 되게 하옵소서. 자신의 무능력만을 보며 자기 자신을 학대하지 말게 하시고 반복되는 실패 속에서 자기 자신을 실패자로 못 박지 말게 하옵소서. 하나님이 자기 자신을 사랑하시고 모든 것을 용서하셨다는 진리를 받아들이게 하옵소서.

주여, 부모인 저희가 ○○(이)에게 많은 아픔을 주었나이다. 마음에 못 박는 소리도 많이 하였고 상처주는 행동도 많이 하였나이다. 이 못난 부모를 용서하게 하옵소서. 부모의 용납되지 않는 부족한 모습이 노력하고 애쓴 결과임을 알고 인간에 대한 긍휼함을 갖게 하옵소서.

많은 사람이 우리 ○○(이)에게 슬픔을 주었나이다. 배신감을 안겨 준 친구, 모욕감을 준 주위 사람들, 상처를 준 사람들을 평생 가슴에 가두어 놓고 분노에 사로잡혀 살지 말게 하옵시고 이 사람들을 가슴 속에서 진심으로 용서하고, 놓아주어 자유를 누리게 하옵소서.

예수님의 이름으로 기도합니다. 아멘.

눈물기도의
용사가
되게 하소서

　우리를 구원해 주신 주님, ○○(이)가 눈물 기도를 알게 하옵소서. 자신의 죄가 얼마나 더럽고 추악한지를 알기에 눈물 흘리게 하옵소서. 죄가 솟아 나오는 마음이 산산히 부서지도록 가슴치며 울게 하시고 자신에 대한 미움 때문에 소리 높여 울게 하옵소서.
　더 원하는 것은 죄에 대한 눈물보다 죄 용서에 대한 감사의 눈물을 더 흘리게 하옵소서. 감사의 눈물을 도도한 강줄기보다 더 분출하여 가벼워진 영혼의 자유를 만끽하게 하옵소서.

　주님, 우리 ○○(이)가 하나님과 대화하는 사귐의 기도를 알게 하옵소서. 하나님과 속삭이는 시간이 얼마나 달콤한 시간인지! 하나님의 품에 안길 때 세상의 모든 염려가 다 녹아진다는 것을! 그리하여 주님과의 만남이 영원한 관계로 이어지게 하옵소서. 주님, 우리 ○○(이)가 기도로 닭이 알을 품듯 다른 사람을 사랑으로 품게 하옵소서. 그리하여 그 사람의 삶에 구체적으로 생명의 응답이 있게 하옵소서. 민족의 도시마다 ○○(이)의 기도가 닿아 새롭게 변화되게 하옵시고 기도의 손으로 말미암아 재창조 되게 하옵소서.
　예수님의 이름으로 기도합니다. 아멘.

눈물 기도는 우리의 정성과 진심을 나타냅니다.
너희 몸을 하나님이 기뻐하시는 거룩한 산 제사로 드리라 (롬 12:1)

날마다 말씀을
묵상하게 하소서

　말씀으로 오신 주여, 저희 ○○(이)가 하루라도 말씀을 읽지 않으면 영혼의 공복감을 느끼게 하시고, 말씀을 읽으며 진리가 주는 영적인 기쁨을 알게 하옵소서.

　주여, 저희 ○○(이)가 말씀을 묵상하면서 영혼에 쌓이는 말씀 때문에 기쁨의 삶을 살게 하옵소서. 주여, 저희 ○○(이)가 긍휼어린 마음으로 다른 사람을 위한 기도를 함으로써, 말씀 속에서 세상 사는 지혜를 배우게 하옵소서. 그 말씀으로 세상을 이기게 하옵소서.
　예수님의 이름으로 기도드립니다. 아멘.

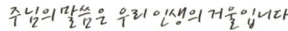
주님의 말씀은 우리 인생의 거울입니다.

지혜는 그 얻은 자에게 생명나무라 지혜를 가진 자는 복되도다 (잠 2:18)

찬양을 즐거워하게 하소서

찬양 받으시기에 합당하신 주여,

TV에서 흘러나오는 가요, 라디오에서 흘러나오는 노래, 젊은이들의 귀를 자극시키는 감미로운 노래들 있사오나 ○○(이)가 박자와 음정이 맞지 않더라도 하나님을 경배하고 찬양하는 자녀가 되게 하옵소서.

저희 ○○(이)의 입에서 애절한 남녀의 사랑만을 노래하지 말게 하시고, 세상에 대한 원망과 비웃음을 노래하지 말게 하시고, 하나님이 우리를 얼마나 사랑하는가를 노래하게 하시고, 우리가 얼마나 하나님께 감사하고 있는지를 언제나 즐거이 노래하게 하옵소서.

예수님의 이름으로 기도합니다. 아멘.

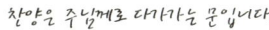

찬양은 주님께로 다가가는 문입니다.

여호와여 왕이 주의 힘을 인하여 기뻐하며 구원을 인하여 크게 즐거워하리이다 (시 27:1)

교회를
즐거워하게 하소서

    성육신 되신 주여, ○○(이)가 교회에서 말씀을 들으며 영혼이 건강해지는 것을 즐거워하게 하옵소서. 교회 선생님과 같이 성경을 배우는 시간을 소중히 여기게 하옵소서. 교회 친구들을 하나님의 가족으로 여기며 함께 성장해 가는 것을 기뻐하게 하옵소서.

    무엇보다도 교회 가는 것이 기다려지는 ○○(이)가 되게 하옵소서. 그리하여 예배 전에 도착하여 정성껏 기도하게 하옵소서. 교회에서 자기를 희생하며 드리는 봉사 활동을 자원하는 ○○(이)가 되게 하옵소서.

    예수님의 이름으로 기도드립니다. 아멘.

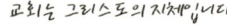

교회는 그리스도의 지체입니다.

너희가 하나님의 성전인 것과 하나님의 성령이 너희 안에 거하시는 것을 알지 못하느뇨 (고전 3:16)

사탄의
권세로부터
지켜주소서

은혜의 주님, 사탄은 굶주린 사자처럼 ○○(이)를 잡아먹으려고 삶의 구석구석에서 노리고 있습니다. 그러나 맹렬한 기세를 교묘하게 위장하여 전혀 눈치 채지 못하게 하고 있습니다. ○○(이)가 그것을 발견할 수 있도록 도와 주옵소서.

TV광고 속의 음란함과 영화 속에 흐르는 하나님의 부정, 음악 깊은 곳에 담겨져 있는 사탄의 계략, 문화를 지배하고 문화 속에서 자연스럽게 파고들고 있는 사탄의 치밀함을 발견하게 해주옵소서.

온갖 전쟁과 미움과 배신 속에서 역사하는 사탄의 움직임을 발견하게 하시고, 아픔과 슬픔 가운데 있는 사람들을 위하여 기도하게 하옵소서. 사탄의 권세를 묶고 자유를 선포해 줄 수 있는 ○○(이)가 되게 해주옵소서.

예수님의 이름으로 기도드립니다. 아멘.

성령 충만하게 하소서

성삼위 하나님, 성령님을 보내주셔서 감사합니다. ○○(이)가 하나님을 믿고 시인함으로 성령이 임재하시고 성령 충만한 삶을 살아가도록 인도해 주옵소서. 성삼위의 하나님이심을 알게 하시며 ○○(이)의 마음 안에 성령님께서 살아계셔서 앉으나, 서나, 자나, 깨나, 언제 어디에서든 눈동자같이 지켜주시며 인도하고 있음을 ○○(이)가 깨닫고 믿게 하옵소서, 매순간 기도함으로써 살아계신 성령님과 소통하게 하시며, 성령의 음성을 들으며 주님과 대화할 수 있는 은총을 베풀어 주옵소서.

○○(이)의 안에 성령이 충만함으로 언제 어디에서든 온유와 사랑과 자비와 화평과 희락과 양선과 절제하게 하옵시고, 성령의 열매를 맺는 삶을 살아가게 하옵소서. 이 열매로 언제 어디에서든 친구들과 이웃에게 예수 그리스도의 은은한 향기가 전해질 수 있게 하옵소서. ○○(이)가 성령 충만하지 못한 삶을 산다 할지라도 주님이 함께하셔서 말씀묵상과 기도, 예배와 찬양으로 무장하게 하시고, 다시금 성령님을 모셔들여 성령 충만함으로 회복하는 삶을 살게 하옵소서.
예수님의 이름으로 기도드립니다. 아멘.

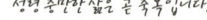
성령 충만한 삶은 곧 축복입니다.

오직 성령의 열매는 사랑과 희락과 화평과 오래 참음과 자비와 양선과 충성과 온유와 절제니 이 같은 것을 금지할 법이 없느니라 (갈 5:22)

죄의 유혹에
빠지지
않게 하소서

주여, 죄가 ○○(이)를 달콤하게 유혹할 때 죄의 열매가 얼마나 쓴지를 생각나게 하옵소서. 저희 입에는 달지만 배에는 쓴 것이 죄라는 것을 알게 하옵소서.

죄의 유혹에 넘어가 완전히 자기 자신을 포기하고 더욱 죄의 구덩이로 빠져들고 싶을 때 멈추어 설 수 있는 은혜를 간절히 구합니다.
죄의 유혹이 어려서는 바람 부는 잎사귀처럼 흔들릴 수는 있지만, 장성하여서는 ○○(이)의 마음이 뿌리 깊은 나무와 같아서 죄의 유혹에 미동도 하지 말게 하옵소서.
예수님의 이름으로 기도합니다. 아멘.

죄는 우리를 사망으로 인도하는 사단의 무기입니다.
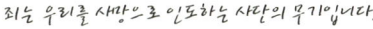
너희가 아직 육신에 속한 자로다 너희 가운데 시기와 분쟁이 있으니 (고전 3:3)

범사에 하나님을
인정하게 하소서

    주님, 모든 것이 주님께 왔음을 믿습니다. 주님의 놀라우신 섭리와 역사하심에 감사를 드립니다. 주님, 바라옵기는 우리 ○○(이)가 어린 시절부터, 선을 향한 세상의 모든 것이 주님께 왔음을 알고 믿게 하옵소서. ○○(이)의 눈과 코와 입, 육신의 모든 것을 주님께서 창조하셨다는 사실을 믿게 하옵소서. 세상의 들과 산과 바다와 온 우주까지도 주님께서 창조하셨다는 것을 믿게 하옵소서.

    먹고, 마시고, 입는, 모든 것을 주님께서 주셨다는 사실을 믿게 하옵소서. 눈에 보이는 것만을 판단하여 어리석고 무지한 삶을 살지 말게 하옵시고, 보이지 않는 세계에서조차 주님께서 우리를 위해 일하고 계시며 사람들을 움직인다는 사실을 깨달아 알 수 있는 영적인 눈을 우리 ○○(이)에게 허락하옵소서. 주님, 이 믿음으로 지와 정과 의, 영과 육의 모든 것에 주님을 인정하며 날마다 생활의 작은 일에조차 주님께 기도하며 감사드리는 자녀의 삶을 살도록 축복해 주시옵소서.
    우리를 구원하신 예수님의 이름으로 기도 올리옵나이다. 아멘.

모든 일에 하나님을 인정하는 자만이 범사에 감사할 수 있습니다.

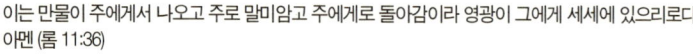
이는 만물이 주에게서 나오고 주로 말미암고 주에게로 돌아감이라 영광이 그에게 세세에 있으리로다 아멘 (롬 11:36)

친구를 전도하는
자녀 되게 하소서

　우리를 구원해 주시고 불러주신 주님, 우리로 하여금 천국의 삶을 살게 하시니 감사드립니다. 주님, ○○(이)가 어린 시절 영안이 열려 구원의 확신을 갖게 하옵소서. 이 확신 때문에 하루의 생활이 기쁨이 되게 하시며, 복음의 능력이 ○○(이)의 삶 속에서 이루어지게 하옵소서. 이 복음을 예수님을 모르는 친구들에게 전할 수 있는 힘과 담대함을 허락하옵소서. 전하는 것뿐만 아니라 주님을 믿지 아니하는 친구들을 교회로 인도하는 주님의 어린 일꾼이 되게 하옵소서.

　간절히 바라옵기는 늘 주님의 영이 함께 하셔서, 슬프고 괴로운 일을 당하는 친구들에게는 위로가 되는 친구가 되게 하시고, 어려움을 당한 친구에게는 도움을 주는 친구가 되게 하시고, 늘 친구들을 위해 기도해 주는 착하고 아름다운 마음을 허락해 주옵소서. 그래서 자녀의 하루하루 생활이 천국이 되게 하시고, 자녀의 생활 속에 덧입혀진 기쁘고, 행복하고, 선한 마음으로 인해 굳이 애쓰고 말하지 않아도 친구들이 따르는 권세를 주셔서, 친구들의 영혼을 주님께로 인도하고 전도하는 귀한 자녀가 되도록 축복해 주시옵소서.
　예수님의 이름으로 기도 올리옵나이다. 아멘.

예수를 전하는 삶은 가장 축복된 삶입니다.

오직 성령이 너희에게 임하시면 너희가 권능을 받고 예루살렘과 온 유대와 사마리아와 땅 끝까지 이르러 내 증인이 되리라 하시니라 (행 1:8)

하나님을
경외하게 하소서

언제나 우리를 살피시는 주님, 연약하고 부족한 우리로 하여금 주님을 경외하게 하시니 감사드립니다. 지금 이 세상은 인터넷, TV 등이 자녀를 미혹하고 주님을 바라볼 수 없도록 만드는 사탄의 문화가 지배하고 있습니다. 그 가운데서도 저희의 ○○(을)를 지켜주시고, 사탄의 문화에 귀속되지 않게 하시니 감사드립니다.

주님, 저희 자녀들이 눈만 돌리면 죄를 지을 것들로 가득 차 있습니다. 이런 환경에서 저희 ○○(이)가 죄를 짓지 않기 위해서는 죄를 심판하시는 하나님을 두려워하며, 죄인을 부르시는 주님을 향한 사랑의 마음을 갖는 것이오니, 주님, 주님을 향한 경외감을 부어 주시옵소서. 부디 ○○(이)에게 성령님께서 임재하셔서 구체적으로 만나주시옵소서. 공부를 잘하는 것도 중요하지만, 주님을 경외하는 것이 지식의 근본이라는 성경말씀이 깊이 새겨져 일평생 어두움의 골짜기에 다닐찌라도 죄를 멀리하며 주님을 경외하는 삶을 살아가도록 자녀를 돌보시고 축복해 주시옵소서.
예수님의 이름으로 기도 올리옵나이다. 아멘.

하나님을 경외하는 것이 모든 것의 근본입니다.

여호와를 경외하는 것은 지혜의 훈계라 겸손은 존귀의 앞잡이니라 (잠 15:33)

정직한 도구가
되게 하소서

　정직한 영을 부어주시는 주님, 우리를 구별하여 주셔서 날마다 정직한 삶을 살게 하시니 감사드립니다. 주님, 어려서부터 습관적으로 배일 수 있는 거짓의 영을 뿌리째 뽑아주시고, 온전히 정직한 영을 허락하셔서 ○○(이)의 인생이 새로워질 수 있도록 인도해 주시옵소서.

　저희 ○○(이)에게서 자신을 돋보이려고 하는 마음과 실제로 그렇게 행하게 하는 허풍과 거짓의 죄성을 거둬 가 주옵소서. 정직함과 거짓을 분별할 줄 아는 분별의 능력 또한 허락하여 주옵소서. 이 분별로 인해 사탄의 괴략에 빠져들지 아니하도록 날마다 주님의 영이 붙들어 주시옵소서.
　저희 ○○(이)가 늘 진실한 마음을 갖게 하옵소서. 친구들을 대할 때에든 선생님을 대할 때에든 진실함이 드러나게 하옵시고 그것이 주님의 향기가 되게 하여 주옵소서. 특별히 가식 없이 솔직하고 정직한 인생을 누릴 수 있도록 날마다 축복해 주시옵소서.
　예수님의 이름으로 기도드립니다. 아멘.

가식 없는 삶
의인의 길은 정직함이여 정직하신 주께서 의인의 첩경을 평탄케 하시도다 (사 26:7)

정의롭게 하소서

　정의로우신 주님, ○○(이)가 정의를 알게 하옵소서. 주님께서는 우리들의 불의를 아셨음에도 불구하고 우리를 구원하시기 위하여 십자가에 못 박히신 정의로운 분이셨음을 알고 있습니다. 그렇기에 우리에게 하나님의 나라와 그의 영광을 위해 살도록 명하신 주님, 저희 ○○(이)에게도 대인(大人)으로서 정의로운 인생을 살도록 주님께서 날마다 힘과 용기와 담대함을 허락하여 주옵소서.

　혹여나 불의한 인생을 산다 할지라도 사랑이 충만하신 주님을 만나 돌이키게 하옵시고, 회개하게 하옵시고, 자녀의 인생이 다시금 정의로 가득 찰 수 있도록 축복해 주시옵소서. 자신의 이기적인 욕망에 붙들려 살지 말게 하옵시고, 작은 것에 매달려 소중하며 큰 것을 잃는 우를 범하는 어리석은 인생을 살지 말게 하옵시고, 허위와 거짓된 세상을 향해 그리스도의 진실을 전할 수 있는 의로움을 주옵소서.
　예수님의 이름으로 기도 올리옵나이다. 아멘.

하나님은 공의의 왕이십니다.
그 날 그 때에 내가 다윗에게 한 의로운 가지가 나게 하리니 그가 이 땅에 공평과 정의를 실행할 것이라.(렘 33:15)

분별의 복을 주소서

사망을 이기신 승리의 주님, 저희 ○○(이)의 분별의 영을 구하고자 기도드립니다.

주님, 사단의 권세가 세상에 충만해 있습니다. 사단의 짓인지도 모르고 우리 자녀들이 TV, 인터넷, PC방, 전화방, 채팅 등에 끌려 살아가고 있습니다. 부모들조차 그 행위가 옳은지 그른지를 알지 못하고 자녀들을 지도할 수 없을 정도로 빠져 살아가고 있습니다. 사랑의 주님, ○○(이)에게 분별의 영을 허락하셔서 무엇이든지 과하고 지나치면 악이 되고 독이 되는 것을 분별하여 알게 하옵소서.

또한 사단의 계략 속에서라도 그것이 잘못된 것임을 알아 빠져들지 말게 하옵시고, 스스로가 적당히 절제함으로 자기 자신을 지킬 줄 아는 ○○(이)가 되도록 인도하여 주시옵소서. 나아가 친구도, 이웃도 사단의 권세로부터 지켜줄 수 있는 분별의 능력을 허락하여 주옵소서. 이 모든 것에서 분별하기 위해서는 먼저 저희 자녀들이 주님을 바라보고 느낄 수 있도록 성령이 임하여 주옵소서. 진리의 전신 갑주를 입어, 말로 표현하지 못해도, 사고의 지능이 낮아도 본능적으로 무엇이 그리스도를 위하여 옳고 그른가를 파악하여 알 수 있는 분별의 축복을 허락하여 주옵소서.

예수님의 이름으로 기도드립니다. 아멘.

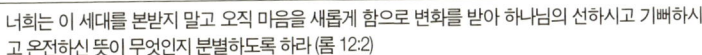

분별은 세상을 살아가는 지혜의 도구입니다.

너희는 이 세대를 본받지 말고 오직 마음을 새롭게 함으로 변화를 받아 하나님의 선하시고 기뻐하시고 온전하신 뜻이 무엇인지 분별하도록 하라 (롬 12:2)

순종하게 하소서

순종이 제사보다 낫다고 말씀해 주신 하나님 아버지, 우리 ○○(이)가 주님께 순종하는 자녀가 되기를 간구합니다. 주님께 순종하려면 먼저 주님의 말씀 안에서 주님의 음성을 들어야 하겠나이다. 주님, 저희 ○○(이)가 어린시절부터 성령의 붙들림 바 되어 무엇이든 주님과 대화하고 주님께 질문하고 주님의 음성을 듣게 하옵소서. 주님의 음성을 들으며 의심하지 않고 순종하는 자녀가 되도록 인도하여 주시옵소서. 그래서 날마다 주님께 응답 받아 형통하는 삶을 살아가도록 축복해 주시옵소서.

또한 지혜와 명철을 허락하셔서 순종이 무엇인가를 밝히 깨달아 알 수 있는 저희의 ○○(이)가 되도록 인도하여 주시옵소서. 또한 부모인 저희들이 하나님 아버지 앞에 바로 서서 순종함으로 그 순종하는 삶을 통해 자녀들이 순종이 무엇인가를 배우게 하여 주옵소서. 부모에게 순종하고 선생님에게 순종하고, 위로부터의 권위에 순종하는 것이 하나님 아버지께 순종하는 것임도 알게 하여 주옵소서. 지혜를 주셔서 순종하기 위해서는 인내와 끈기도 필요함을 밝히 알게 하옵시고, 이 같은 순종 너머에 주님의 놀라운 비밀스런 축복이 있음을 체험하게 하여 주옵소서.

예수님의 이름으로 기도드립니다. 아멘.

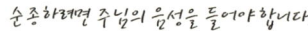
순종하려면 주님의 음성을 들어야합니다.

너희가 즐겨 순종하면 땅의 아름다운 소산을 먹을 것이요 (사 1:19)

모든 일에 감사가
넘치게 하소서

　은혜로 충만케 하시는 주님, 저희 ○○(이)가 날마다 감사하는 생활을 할 수 있도록 믿음의 눈을 열어 주시옵소서. 이 믿음의 눈 때문에 우리 자녀가 늘 감사하는 인생을 살 수 있음을 믿습니다. 사랑의 주님, 저희 자녀가 자신의 태어남을 감사하게 하시고, 부모와 가족을 주심을 감사하게 하시고, 건강하게 성장함을 감사하게 하시고, 주신 상황에 감사하게 하시고, 먹고 마시는 모든 것에 감사하게 하옵소서.

　자녀 앞에서 저희 부모의 믿음을 굳건히 하옵시고, 날마다 큰 믿음을 부어주셔서 저희 부모로 하여금 매순간 감사하게 하옵시고, 그 감사한 생활로 인해 저희 ○○(이)가 믿음의 선배로서 부모를 바라보게 하옵시고, 부모를 통해 주어지는 체험적인 신앙을 통해, 어떤 일에서든지 실족지 아니하고 주님을 바라봄으로 주님께 감사하는 인생을 살게 하옵소서. 감사한 생활 속에 주님의 축복이 있음을 믿습니다. 불평할 수 있는 상황이 온다 할지라도 저희의 ○○(이)가 주님께 감사할 것을 먼저 찾아 감사기도 드릴 수 있는 신앙이 되게 하옵소서.
　예수님의 이름으로 기도드리옵나이다. 아멘.

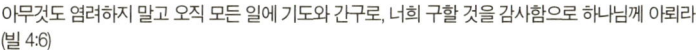

축복 받기 위한 첫째 조건이 감사입니다.
아무것도 염려하지 말고 오직 모든 일에 기도와 간구로, 너희 구할 것을 감사함으로 하나님께 아뢰라 (빌 4:6)

기쁨으로
충만하게 하소서

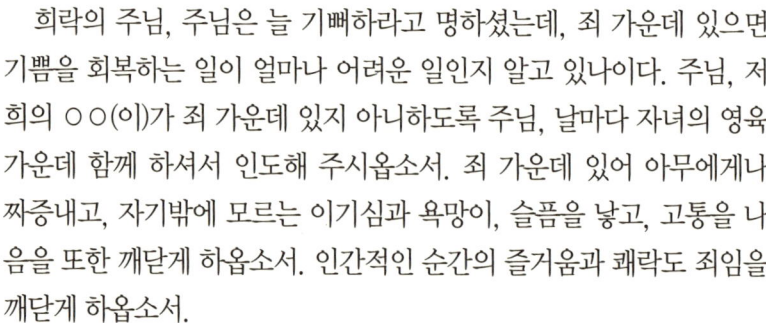

　희락의 주님, 주님은 늘 기뻐하라고 명하셨는데, 죄 가운데 있으면 기쁨을 회복하는 일이 얼마나 어려운 일인지 알고 있나이다. 주님, 저희의 ○○(이)가 죄 가운데 있지 아니하도록 주님, 날마다 자녀의 영육 가운데 함께 하셔서 인도해 주시옵소서. 죄 가운데 있어 아무에게나 짜증내고, 자기밖에 모르는 이기심과 욕망이, 슬픔을 낳고, 고통을 나음을 또한 깨닫게 하옵소서. 인간적인 순간의 즐거움과 쾌락도 죄임을 깨닫게 하옵소서.

　은혜의 주님, 주님을 경외하지 않으면서도 착하게 살아가는 자신의 인생이 곧 자기의 의를 드러내는 일이며 하나님 앞에 그것이 큰 죄인 줄도 깨달아 알게 하옵소서. 혹 그러한 인생을 산다 할지라도 다가가셔서 주님을 나타내 주시고, 주님을 다시 한번 영접할 수 있는 은총을 베풀어 주시옵소서. 주님을 모르는 삶이 곧 고통과 슬픔의 인생인 것도 체험케 하옵소서. 체험하기 이전에 주님, 저희 ○○(이)에게는 어린 시절부터 주님을 분명히 느끼고 체험하여 주님께서 내려주시는 본능적인 깊은 기쁨과 평안을 누리는 인생을 살도록 축복해 주시옵소서.
　예수님의 이름으로 기도드립니다. 아멘.

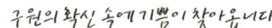

구원의 확신 속에 기쁨이 찾아옵니다.

주께서 생명의 길로 내게 보이시리니 주의 앞에는 기쁨이 충만하고 주의 우편에는 영원한 즐거움이 있나이다 (시 16:11)

하나님께 영광을
돌리게 하소서

살아계신 주님, 주님께 영광 돌리는 삶을 살게 하시니 참으로 감사드립니다. 주님, 저희 ○○(이)가 주님의 영광의 도구가 되도록 간구합니다. 주님, 구원 받은 저희 ○○(이)의 인생의 목표가 어린시절부터 입고 먹고 마시고 무엇을 하든 어떻게 하나님께 영광을 돌릴 것인가를 고민하고 생각하며 기도하는 자녀가 되게 하여 주옵소서. 그것 자체가 비전이 되게 하여 주시고, 비전을 위해 살아가는 귀한 자녀로 삼아주시옵소서.

부모도 터치할 수 없을 정도로 자기의 영광을 위해 살아가는 자녀가 너무나 많습니다. 그것이 고통의 길임을 모르고 살아가는 자녀들이 너무나 많습니다. 주님, 저희의 ○○(이)는 오직 주님의 영광을 위해 늘 자신의 전 존재를 내려놓아 겸손하게 하시고, 교만치 아니하도록 붙잡아 주옵소서. 교만하여 사단의 도구가 되지 말게 하시며, 교만하다 할지라도 늘 회개함으로 날마다 주님 앞에 회복하고 성령으로 거듭나게 하옵소서.

공부면 공부, 일이면 일, 놀이면 놀이, 친구 사귀는 일에서조차 자신의 주어진 일에 최선을 다함으로 어디에서든 주님의 영광과 빛을 드러내는 귀한 자녀로 삼아 주시옵소서.

예수님의 이름으로 기도드립니다. 아멘.

모든 일의 중심은 하나님께 영광돌리는 것입니다.

내 영혼아 여호와를 송축하라 여호와 나의 하나님이여 주는 심히 광대하시며 존귀와 권위를 입으셨나이다 (시 104:1)

날마다 영적 도약을
이루게 하소서

저희 자녀를 날마다 영적으로 성숙시켜 주시는 주님, 날마다 주님 안에서 살게 하시니 은혜에 참으로 감사드립니다. 주님, 저희 ○○(이)를 위해 간구합니다. 저희 부모가 ○○(이)를 위해 날마다 축복 기도하게 하옵소서. 기도만이 저희의 ○○(이)를 날마다 영적으로 도약시킬 수 있음을 믿습니다. 그 기도대로 주님이 응답하심을 믿습니다. 저희의 자녀가 저희의 기도대로 그 믿음이 성숙되어 감을 체험합니다.

사랑의 주님, 저희 부모의 기도를 통해서도 이루시지만 ○○(이)의 단순하면서도 간단한 기도에 매순간 응답해 주시옵소서. 기도의 신기한 응답을 통해 ○○(이)가 스스로 날마다 기도하게 하시고 날마다 그 믿음이 생활 속에서 자라게 하옵소서. 천국은 어린아이와 같은 믿음이어야만 들어 갈 수 있다고 말씀해 주신 주님, 저희 ○○(이)가 천국 신앙을 소유함으로 나이와 상관없이 그 영성이 충만하게 하옵소서. 그리하여 신앙의 주체성이 확립되어 스스로 기도하게 하시고, 부모가 말하지 않아도 스스로 예배에 참여하게 하시고, 찬양하게 하시고, 스스로 주님과 대화하는 깊은 영성을 체험하는 귀한 은총을 베풀어 주시옵소서.
예수님의 이름으로 기도드립니다. 아멘.

영적성숙은 전인(全人)으로 성장하기 위한 필수 요건입니다.
주께서 내 마음을 넓히시오면 내가 주의 계명의 길로 달려가리이다 (시 119:32)

배려와 섬김이
넘치게 하소서

　온유의 주님, 주님의 성품을 닮아가는 삶을 살게 하시니 참으로 감사드립니다. 저희 ○○(이)에게도 은총을 베푸셔서 이기심 때문에 거칠고 급한 성품은 버리게 하시고, 온유의 영을 덧입혀 주셔서 이웃에게 친절하며 배려할 줄 아는 사람으로 자라게 하옵소서. 그 마음에 자기를 높이려는 교만은 버리게 하시고, 늘 주님 안에서 어려움에 처한 친구나 사랑이 부족한 친구를 감싸 안아주는 사랑을 주옵소서.

　집단 속에서도 자기를 넘어 집단 전체를 바라볼 줄 아는 눈과 마음을 갖게 하옵소서. 그래서 주님이 저희 죄인들을 섬겨주셨던 것처럼 저희의 ○○(이)도 친구와 이웃들을 섬겨줌으로 사람들 앞에 진정한 리더로 설 수 있게 하옵소서. 주님, 요즈음 외동도 많고, 자기밖에 모르는 자녀들이 너무도 많습니다. 그러한 까닭에 자녀들이 친구를 사귀지 못하고 점점 외로워지고 있습니다. 주님이 다가가셔서 친구가 되어주시고 그 마음과 생각을 변화시켜 주셔서 자녀들이 애쓰지 않아도 주님의 그 놀라운 사랑으로 인해 이웃을 진심으로 사랑하고 섬기며 배려하는 아이들로 변화시켜 주시옵소서.
　예수님의 이름으로 기도드립니다. 아멘.

섬김은 관계회복의 첫번째 조건입니다.
우리 각 사람이 이웃을 기쁘게 하되 선을 이루고 덕을 세우도록 할찌니라 (롬 15:2)

베푸는 하루가 되게 하옵소서

오! 하나님
오늘 하루 나를 사랑하는 이들에게 걱정을 끼치고
나를 믿는 이들을 실망시키며
나를 고용한 고용주의 기대를 저버리고
나와 가까운 사람들의 마음에 상처주는 행동을
행하지 않게 도우시옵소서.

다른 사람을 시험에 빠지게 하거나
또한 잘못된 길로 쉽게 인도할 소지가 있는 것을
행하지 않는 하루가 되게 하옵소서.

자신의 최선을 다하는 이들을
실망시킬 수 있는 것과
다른 사람의 열심을 쉽게 하거나
남에게 의심을 불러일으킬 만한 것을
행하지 않는 하루가 되게 하옵소서.

슬픈 이에게 위로가 되고
외로운 이에게 친구가 되며
낙심 가운데 있는 이에게 용기를 주고
궁핍한 이에게 도움을 베푸는
하루가 되게 하옵소서.

그렇게 함으로써 사람들이 내게서
나의 주인이시며 내가 항상 섬기기 원하는
당신의 거룩하심을 발견케 하옵소서.
▷ 윌리엄 마들레이

신령과 진정으로
예배 드리게 하소서

　예배를 받으시기에 합당하신 주님, 예배를 통해 영광을 받으시니 참으로 감사드립니다. 저희의 ○○(이)가 삶 속에서 신령과 진정으로 예배하는 자가 되길 소망하는 마음으로 간구합니다. 주님, ○○(이)는 때때마다 늦고 예배를 드려야 한다는 개념조차고 형성 되지 못하는 연약한 믿음 가운데 있습니다. 주님, 성령으로 붙들어 주셔서 영적인 예배의 감격을 저희 ○○(이)가 경험케 하옵소서. 예배 시간 동안 겸손히 자신의 존재를 내려놓게 하시고, 주님을 만나는 은혜와 감동의 시간으로 충만하게 하옵소서.

　이 경험이 저희 ○○(이)의 마음에 녹아져 신령과 진정으로 예배 드리는 것이 무엇인지 알게 하시고, 예배의 소중함을 알게 하시고, 그렇기에 시간을 지켜 정성으로 드리게 하옵소서. 때때마다 드리는 정성어린 예배가 저희 ○○(이)의 연약한 영혼을 위한 양식이 되게 하시고, 예배가 자녀의 인생에 중심이 되게 하옵소서. 부름 받은 아브라함이 가는 곳마다 제단을 쌓았던 것처럼, 그리고 주님께 축복 받은 자가 된 것처럼, 저희 자녀 또한 모든 상황의 시작과 과정, 그리고 마지막에 하나님을 찬양하며 감사와 영광을 올려드릴 수 있는 자녀가 되도록 축복해 주시옵소서.
　예수님의 이름으로 기도드립니다. 아멘.

예배하는 자가 복을 받습니다.

하나님은 영이시니 예배하는 자가 신령과 진정으로 예배할찌니라 (요 4:24)

항상 기도하게 하소서

　쉬지 말고 기도하라고 말씀하신 주님, 기도를 통해 날마다 주님과 영육으로 소통하게 하시니 참으로 감사드립니다. 주님, 간구합니다. 저희 ○○(이)가 매순간 기도하게 하옵소서. 아주 작은 일이라 할지라도 주님께 붙들리어 기도하게 하옵소서. 기도 또한 성령이 붙드셔야만 할 수 있는 줄 믿습니다. 저희 ○○(이)에게 기도의 영를 내려주시어 기도할 수 있는 축복이 임하게 하옵소서. 그 기도에 주님이 응답해 주시며 체험이 늘어나게 하옵소서.

　은혜의 주님, 날마다 주님께 기도드림으로써 그 믿음이 자라가게 하옵소서. 자고 일어나면 하루를 주심을 감사하는 기도를 하게 하시고, 잠들기 전에 하루를 무사히 보내게 해주심에 대한 감사 기도를 드리게 하옵소서. 마음이 곤고하고 사단의 궤계에 괴로울 때 울부짖어 주님을 찾는 다윗과 같은 기도를 드리게 하옵소서. 인생을 살면서 무엇을 선택해야 할지 모를 때 주님께 여쭤 보며 선택하는 기도를 드리게 하시고, 어떻게 살아야 할지 모를 때, 그 길을 인도해 달라는 간구의 기도를 드리게 하옵소서. 몸이 아파 괴로울 때, 주님의 치유의 손길을 바라는 치유기도를 드리게 하옵소서. 혼탁한 세상과 사단의 이념으로 혼란스러울 때 주님만 바라보는 소망의 기도를 드리게 하옵소서.

　기도하는 것은 저희를 향하신 하나님의 뜻이라고 말씀해 주셨사오니, 주님, 저희의 ○○(이)가 매일 범사에 주님께 기도를 드리는 것만으로도 저희 자녀가 부족함이 없음을 믿습니다. 또한 저희의 자녀가 세상에 주님의 이름을 드러내며 승리할 줄을 믿습니다.
　예수님의 이름으로 기도드립니다. 아멘.

기도는 주님과 함께 나누는 대화입니다.
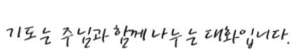
여호와여 아침에 주께서 나의 소리를 들으시리니 아침에 내가 주께 기도하고 바라리이다 (시 5:3)

선한 마음 갖게 하소서

선한 목자 되신 주님, 저희 ○○(이)의 마음은 연약하여 자기밖에 모르는 이기심과 자기를 높이고 싶은 교만, 이웃을 불쌍히 여길 줄 모르는 죄악이 뿌리 박혀 있나이다. 그래서 자기보다 못한 친구를 만나면 친구를 멸시하고 친구를 괴롭히고, 당을 지어 한 친구를 왕따시키는 죄성 속에 살아가고 있나이다. 사랑의 주님, 저희의 ○○(이)의 마음에 뿌리 박힌 악한 죄를 주님의 성령의 불로 태워 주시고, 구원의 성화가 이루어지게 하옵소서. 이로 인해 온전히 ○○(이)의 마음에 착하고 선한 마음만 가득가득 부어 주옵소서.

주님, 저희의 ○○(이)가 주님을 잃어버리고 살아갈 때조차, 지혜를 주셔서 주님을 바라보고 주님을 믿는 것이 선한 것을 회복하는 길임을 깨닫게 하여 주옵소서. 세상에는 나쁜 짓을 해놓고도 그것이 나쁜 짓인 줄 모르고 살아가는 죄인들이 많이 있나이다. 주님, 저희 ○○(이)가 혹 그러한 길에 빠져 살아간다 할지라도 주님이 주신, 선한 양심의 소리를 때때마다 듣게 하시며, 죄악의 길로 빠지지 아니하도록 주님께서 붙드시고, 인도해 주시옵소서. 사망의 음침한 골짜기로 다닌다 할지라도 해를 두려워 아니하는 것은 주님께서 저희의 ○○(이)와 함께 해주시기 때문임을 믿습니다.

예수님의 이름으로 기도드립니다. 아멘.

악에게 지지 말고 선으로 악을 이기라 (롬 12:21)

육신의 약함을
극복하게 하소서

사랑의 주님, 저희의 ㅇㅇ(이)는 자기 의지대로 자신을 아침마다 일으킬 수 없는 단순한 게으름으로도 매번 넘어지는 약한 자입니다. 학업에 필요한 자신의 의지하나 스스로 세우지 못하여 의욕마저 쉽게 잃어버리는 약한 자입니다. 주님, 아침마다 육신의 약함으로 하루를 승리케 하지 못하는 우리 ㅇㅇ(이)에게 건강한 체력과 의욕을 허락하셔서 온전히 모든 일을 감당할 수 있는 자로 세워주옵소서.

사랑의 주님, 나약한 체력에 나약한 생각이 함께 할 수 있으니 건강한 생각과 마음을 허락하셔서 주님의 자녀로서 긍지있는 자가 되게 하옵소서. 우리의 모든 약함을 아시는 주님, 그 모든 비밀을 알아 저희의 ㅇㅇ(이)가 자신의 육신의 약함을 극복하게 해 주시고 세워주시며 공급해 주시는 분은 오직 주님뿐임을 감사함으로 늘 고백할 줄 아는 강한 자가 되게 하옵소서.
예수님의 이름으로 기도드립니다. 아멘.

주님은 우리에게 자녀된 권세를 누리게 하십니다.

 그 작은 자가 천을 이루겠고 그 약한 자가 강국을 이룰 것이라 때가 되면 나 여호와가 속히 이루리라
(사 60:22)

친밀감을
느끼게 하게 하소서

저희를 친구라 불러 주신 주님, 저희에게 사랑과 기쁨의 영으로 채워 주시니 감사드립니다. 이 기쁨으로 인해 낯선 이와도 부담 없이 이야기하게 해주시고, 이웃에게 쉽게 다가가게 해주시니 감사드립니다. 저희 ○○(이)에게도 충만한 기쁨을 허락하셔서 누구에게나 친밀감이 느껴지도록 인도해 주시옵소서. 친밀감 때문에 외로운 친구들이 다가오게 하시고, 그들의 고민을 나누게 하시고, 저희 ○○(이)가 그런 친구들을 사랑으로 품어 안게 하시고, 외롭고 우울하며 방황하는 친구들을 주님의 빛으로 인도해 주어 진심으로 좋은 친구가 되기에 부족함이 없는 친밀한 성품을 허락해 주옵소서.

주님의 빛과 사랑이 친밀함이라는 것으로 저희 ○○(이)의 육신으로 체화된 것임을 믿습니다. 은혜의 주님, 누구를 만나든 미소로 화답하게 하시고, 쉽게 용서하고 쉽게 사랑하며 쉽게 기쁨을 회복하는 성령의 성품으로 채워 주시옵소서. 그리하면 저희 자녀의 인생이 행복하겠사오니 주님이 변화시켜주시고 이루어 주시옵소서.
예수님의 이름으로 기도드립니다. 아멘.

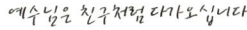

허물을 덮어 주는 자는 사랑을 구하는 자요 그것을 거듭 말하는 자는 친한 벗을 이간하는 자니라 (잠 17:9)

주님의 뜻을 이루소서

여호와 이레! 우리를 위해 준비하시고 예비해 주시는 주님, 저희를 아름답고 행복한 길로 인도하심을 믿고 감사드립니다.

주님, 우리 ○○(이)가 언제나 준비해 주시는 주님의 성품을 닮기를 소망하는 마음으로 간구합니다. 살아계신 주님, 저희의 ○○(이)가 무엇을 해야 할지 모르고, 아무런 계획성 없이 살아가고 있습니다. 주님, 무엇을 하든, 자신의 해야 할 일들을 기도로 구함으로 준비하게 하옵소서. 먼저 자신의 뜻을 구하기 전에 주님의 뜻과 때를 여쭤보며 주님의 음성을 듣고 순종하는 삶을 살아가게 하옵소서. 욕망의 사슬이 된 자신의 계획은 쉽게 버리게 하시고, 계획이 막힐 때에, 주님을 바라보고 다시 주의 뜻을 묻고 그 뜻에 순종함으로 합당히 살아가는 자녀로 축복해 주시옵소서.

예수님의 이름으로 기도드립니다. 아멘.

예수님은 우리를 위해 준비해 주십니다.
너는 범사에 그를 인정하라 그리하면 네 길을 지도하시리라(잠 3:6)

하나님의 영광을
드러내는 직업을
갖게 하소서

사랑과 은혜의 주님, 저희 ○○(이)의 미래의 직업을 위해서 간구합니다. 주님 저희 ○○(이)가 무슨 일을 하고 어떤 직업을 갖게 될지 저희는 알지 못합니다. 하지만 여호와 이레 주님은 아심을 믿습니다. 미리 준비해 주시고, 저희 ○○(이)의 성품과 개성과 기질 그리고 적성에 맞는 직업을 찾을 수 있게 하시고, 그 일들을 즐겁게 할 수 있게 해 주시고 일을 통해 주변 사람들에게 덕이 되게 하시고, 주님께 영광이 되게 하옵소서.

특별히 간구하옵기는 어떤 직업을 갖든 주일 예배를 드릴 수 있는 직업을 갖게 하시며, 주변 사람들 또한 믿음의 사람들로 둘러쳐 주시옵소서. 그들과 합력하여 선을 이룰 수 있는 일이 되게 하시며 동료에게 배려하며, 동료에게 선의의 배려를 받을 수 있는 직업을 얻을 수 있도록 인도해 주옵소서. 직업이 단순히 돈 버는 일이 아니라 그 직업을 통해 회사를 섬기게 하시고 사람을 섬기게 하시고 일 속에서 구체적인 비전을 갖게 하옵소서. 지혜와 명철을 더 하셔서 모든 사람들에게 인정받게 하시며, 그 직업을 통해 주님을 만날 수 있도록 축복해 주옵소서.
예수님의 이름으로 기도드립니다. 아멘.

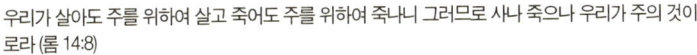

우리가 살아도 주를 위하여 살고 죽어도 주를 위하여 죽나니 그러므로 사나 죽으나 우리가 주의 것이로라 (롬 14:8)

사춘기를
잘 넘기게 하소서

저희를 때때마다 변화시켜 주시는 주님!

사춘기는 ○○(이)가 좀더 육체적으로나 감정적으로 성숙한 주님의 자녀로 성장하기 위해 주시는 것임을 믿습니다. 사춘기인지라 짜증도 잘 내고 반항도 잘하고, 거센 감정의 혼란과 격동 속에 있습니다. 이 모든 것들이 홀로서기 위한 몸부림임을 믿습니다. 사랑의 주님, ○○(이)가 사춘기를 잘 넘길 수 있도록 인도해 주시옵소서. ○○(이)에게 사춘기가 혼자 서는 시간임을 인정하게 하옵시고, 혼란의 과정을 자녀와 함께 대화로 극복하게 하옵소서. 부모인 저희가 자녀의 훌륭한 상담자가 되게 하옵소서. 이 시기에 사탄 마귀는 일절 틈타지 않게 하시며 온전히 저희 ○○(이)가 주님의 은혜 속에서 지와 정과 의가 모두 성장해 갈 수 있는 귀한 시간으로 주님께서 축복해 주시옵소서.

학교생활도 잘할 수 있게 하옵시고, 마음이 통하면서도 좋은 믿음의 친구들 사귈 수 있게 인도하옵시고, 선생님의 말씀에 순종하게 하옵소서. 혹 나쁜 친구를 사귄다 할지라도 그들 속에서 빠져나오게 하옵시고, 그 친구들을 위해 기도하는 자녀가 되게 하옵소서. 언제 어디에서든 사랑받고 사랑을 주는 존귀한 자녀로 삼아 주시옵소서.

예수님의 이름으로 기도드립니다. 아멘.

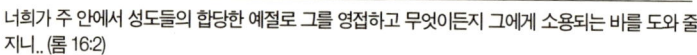

너희가 주 안에서 성도들의 합당한 예절로 그를 영접하고 무엇이든지 그에게 소용되는 바를 도와 줄지니.. (롬 16:2)

인내를 통해
열매 맺게 하소서

언제나 우리를 기다려주시고 참아주시는 주님, 저희 ○○(이)의 인내와 끈기를 위해 간구합니다. 주님, 무엇이 그리 급한지 참지 못하고, 기다리지 못하고 당장 무엇인가를 이뤄야 하고 해결해야 하는 조급함 속에서 저희 부모와 저희의 자녀가 살아가고 있습니다. 참고 견디라는 말만으로는 부족한 영적 성급함과 갈급함 속에 있습니다. 주님, 성령이 함께 하시어 인내를 훈련하고 배우게 하옵소서.

인내해야만이 열매가 있다는 것을 저희 ○○(이)가 깨닫게 하옵소서. 참고 견디는 것이 무엇인지 모르고, 열매가 있다는 소망을 보지 못하기에 참는 것이 스트레스이며 병이 되어 갑니다. 주님, 부모인 저희와 자녀에 이르기까지 소망의 하나님을 바라보게 하옵소서. 주님 주실 귀한 열매를 바라보게 하옵소서. 그 소망 때문에 참는 것이 기쁘고 즐거우며 평안할 수 있게 하옵소서. 인내 뒤에 주님이 주시는 풍성한 열매가 있다는 것을 믿음의 눈과 마음으로 보게 하옵소서. 꿀과 같은 열매를 체험함으로 ○○(이)가 더욱 기쁨 속에서 인내하는 주님의 성품을 닮아가게 하옵소서.
예수님의 이름으로 기도드립니다. 아멘.

인내하는 자가 성공합니다.

사람이 여호와의 구원을 바라고 잠잠히 기다림이 좋도다 (애 3:26)

죄로부터 자유함을
얻게 하소서

보혈의 피로 우리의 죄를 씻어주신 주님!
구원해 주시니 감사드립니다. 구원 받았음에도 불구하고 지난 과거의 죄를 잊지 못하여 괴로워하는 연약한 저희 ○○(을)를 볼 때에 안타깝기 그지없습니다. 주님은 기억하지 않으신다고 말씀하셨사온데, 저희 부모는 기억하여 자녀를 꾸짖고 ○○(이)로 하여금 죄로부터 자유하지 못하도록 하고 있습니다. 그래서 부모나 자녀나 모두 피해의식과 열등감 등 정신병리 속에 사로잡혀 살아갑니다. 이렇듯 연약하고 불쌍한 부모된 저희와 저희 자녀를 주님의 보혈의 피로 깨끗이 씻어주시옵소서. 주님의 약속의 말씀을 믿고 저희와 ○○(이)가 죄로부터 자유함을 누리도록 축복해 주시옵소서.

자유함을 누리지 못하는 것은 온전히 저희 ○○(이)가 주님 앞에 자신을 내려놓지 못하고, 의지하지 못하고, 신뢰하지 못하기에 그렇습니다. 오직 인간적인 생각에 매여서 살아가는 ○○(이)를 불쌍히 여기셔서 용서해 주시고, 저희 부모와 ○○(이)를 모두 치유해 주시옵소서. 그리하시면 저희가 자유해지겠나이다!
예수님의 이름으로 기도드립니다. 아멘.

예수님은 종의 신분에서 우리를 자녀 삼아 주셨습니다.

그리스도께서 우리로 자유케 하려고 자유를 주셨으니 그러므로 굳세게 서서 다시는 종의 멍에를 메지 말라.(갈 5:1)

평강의 자녀가
되게 하소서

여호와 샬롬, 평강의 하나님!
저희에게 날마다 평강과 안식으로 채워주시니 감사드립니다. 주님, 저희 ○○(이)가 날마다 산만하고 불안해 함은 사단의 권세에 묶여 있기 때문임을 알고 있습니다.

주님, 주님의 십자가 보혈로 저희 ○○(이)에게 맴도는 사단의 세력을 물리쳐 주시옵소서. 결박시켜 주시고, 승리해 주시옵소서. 영과 육이 모두 평안하여 안식을 누릴 수 있는 축복을 허락하여 주옵소서. 이 평안은 주님이 우리에게 내려주신 증거이며 선물임을 알고 있나이다.

평안함으로 긍정적이 되게 하시고, 평안함으로 낙천적이 되게 하시고, 평안함으로 여유있게 하시고, 평안함으로 언제 어디에서든 형통하여지고, ○○(이)의 마음과 영혼이 늘 쉼을 누리도록 축복해 주시옵소서.

예수님의 이름으로 기도드립니다. 아멘.

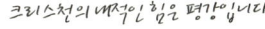
크리스천의 내적인 힘은 평강입니다.

여호와께서 자기 백성에게 힘을 주심이여 여호와께서 자기 백성에게 평강의 복을 주시리로다 (시 29:11)

경건과 거룩함으로
무장하게 하소서

거룩하신 하나님 아버지, 은혜를 감사드립니다. 저희 ○○(이)의 경건생활과 거룩함을 위해 간구합니다. 저희 ○○(이)가 그 동안 거룩하게 살지 못함을 용서하옵소서. 언제 어디에서든 넘어지고 마는 연약한 영혼이기에 더욱 주님의 인도하심을 바라나이다.

사랑의 주님, 사단이 오기 전에 사단을 물리칠 수 있도록 경건과 거룩한 신앙생활이 이루어지도록 훈련시켜 주시고 이 훈련으로 하나님의 군사로 무장시켜 주시옵소서. 무기력하고 연약한 상황이 온다 할지라도 주님의 군사로서 세상의 잘잘못을 분별하게 하시고, 담대하게 나아가 영적 싸움에서 승리하게 하옵소서. 승리의 깃발이 날마다 가슴에 인박혀 주님을 찬양하게 하옵소서. 자고 일어서며 낮과 밤으로 날마다 주님께 예배하고 기도드리는 ○○(이)가 되게 하옵소서. 이 신앙생활을 통해 자연스레 경건함과 거룩함이 그 몸에 배어 주님의 귀한 자녀가 될 줄을 믿습니다.

예수님의 이름으로 기도드립니다. 아멘.

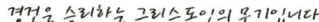

경건은 승리하는 그리스도인의 무기입니다.

너희는 내게 거룩할지어다 이는 나 여호와가 거룩하고 내가 또 너희로 나의 소유를 삼으려고 너희를 만민 중에서 구별하였음이니라 (레 20:26)

영적 은사를 주소서

 은사를 부어주시는 주님, 주님의 의로운 손으로 축복하시사 ○○(이)에게 은사를 주셔서 주님께 영광 돌리는 자녀가 되도록 축복해 주시옵소서. 아직 미숙하고 어린 자녀이지만 주님이 함께 하셔서 영적인 은사와 재능을 발견하여 활용하기를 원합니다.
 주님, ○○(이)의 인생의 길잡이가 되어 주시옵소서. 주님께 받은 영적 은사와 재능으로 이 나라와 이 사회에 유익이 되게 하시고, 교만하지 않고 오직 성령의 열매 안에서 연단 받게 하옵소서. 주님께서 주시는 은사 때문에 사단에게 넘어지지 않게 하시고, 오히려 사단을 물리치는 귀한 은사가 되도록 인도해 주시옵소서. 은사는 주님을 드러내는 귀한 증거이오니 이웃을 위해 잘 활용하게 하시고, 덕이 되게 하시고, 아름다운 열매로 일궈 주시옵소서.
 예수님의 이름으로 기도드립니다. 아멘.

은사는 주님이 주신 선물입니다.

> 지혜로운 마음을 그들에게 충만하게 하사 여러가지 일을 하게 하시되 조각하는 일과 공교로운 일과 청색 자색 홍색실과 가는 베실로 수 놓는 일과 짜는 일과 그 외에 여러가지 일을 하게 하시고 공교로운 일을 연구하게 하셨나니 (출 35:35)

주야로 말씀을
묵상하게 하소서

　복 있는 사람은 악인의 꾀를 좇지 아니하며, 죄인의 길에 들어서지 아니하며 하나님의 말씀을 주야로 묵상하는 자라고 약속해 주신 하나님 아버지, 은혜와 사랑을 진심으로 감사드립니다. 저희의 ○○(이)가 주님의 말씀을 날마다 즐거이 묵상할 수 있도록 축복해 주시옵소서. 말씀 묵상이 꿀보다도 더 달게 하시며, 공부보다 더 앞서게 하시며, 좋아하는 그 어떤 일보다도 말씀 묵상이 즐겁게 하옵소서. 말씀 속에서 주님을 만나고 경험하도록 인도해 주시옵소서.

　저희 ○○(이)가 말씀 속에 지혜가 있고, 지식이 있으며, 사랑이 있으며, 평안이 있으며, 주님의 인도하심이 있음을 저희 자녀가 깨닫게 하옵소서. 그래서 복 있는 사람이 되도록 축복해 주시옵소서. 이 축복으로 저희 ○○(이)에게 붙여지는 친구들과 이웃들 모두가 함께 복을 누리는 삶을 살아가게 하옵소서. 요셉과 같은 형통한 복을 누리게 하시고, 다니엘과 같은 기도의 응답의 복을 누리게 하시고, 다윗과 같은 은혜의 복을 누리게 하옵소서.
　예수님의 이름으로 기도드립니다. 아멘.

 주님과 대화하려면 기도 다음은 말씀 묵상입니다.
여호와의 증거를 지키고 전심으로 여호와를 구하는 자가 복이 있도다 (시 119:2)

하나님의 나라를
사모하게 하소서

    영원한 천국을 주신 하나님, 주님의 은혜를 진심으로 감사드립니다. 저희의 ○○(이)가 보이지 않는 세계를 믿음의 눈으로 보는 자녀로 인도해 주시옵소서. 어린 시절부터 죽을 수밖에 없는 인간이며 죄인임을 깨닫게 하옵소서. 흙이기에 흙으로 돌아가야 하는 삶임을 깨닫게 하옵소서. 그러함에도 죄인들을 구원해 주신 예수 그리스도 보혈의 공로를 잊지 말게 하시고, 주님 주신 영원한 천국을 향한 소망을 품어 참된 믿음의 사람으로 살아가게 하옵소서. 주님께 영원토록 복을 받는 주님의 자녀로 축복해 주시옵소서.

    예수님의 이름으로 기도드립니다. 아멘.

천국 신앙은 기독교 신앙의 기초입니다.

이것들을 증언하신 이가 이르시되 내가 진실로 속히 오리라 하시거늘 아멘 주 예수여 오시옵소서 (계 22:20)

십자가의 사랑을
체험하게 하소서!

소망과 사랑의 주님!

십자가의 사랑으로 ○○(이)를 구원해 주시고 날마다 동행해 주시니 감사드립니다. 이제 원하옵기는 인생을 굽어 살피셔서 우리 ○○(이)가 일평생 하나님을 사모하여 믿음으로 살아가게 하옵소서. 어릴 때부터 십자가의 사랑을 느끼게 해주시고 주님의 사랑을 체험함으로, ○○(이)의 인생이 온전히, 열심히 예수님을 받들어 섬기는 삶을 살아가게 하옵소서. 입든지 먹든지 마시든지 무엇을 하든, 하나님의 나라와 의를 위하여 살게 하시고 하나님의 영광을 덧입고 열매 맺는 삶을 살게 하옵소서.

인생의 주님이 빛이시며 주님이 산성이시고, 바위이시고, 능력이심을 고백하고 증거하는 자녀가 되게 하옵소서.

우리 주 예수 그리스도의 이름으로 기도 올리옵나이다. 아멘.

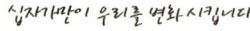

그런즉 누구든지 그리스도 안에 있으면 새로운 피조물이라 이전 것은 지나갔으니 보라 새것이 되었도다 (고후 5:17)

자녀의
영적 도약을 위한
축복기도문_ 3부

2. 믿음의 위인을 닮기를 소망하는 기도

주님이시여! 주님이시여!

주님이여 들어 주옵소서
빈그릇은 채워져야 하옵니다.
나의 주님이시여 채워주옵소서.

주여 나는 믿음이 약합니다.
나를 강하게 하옵소서.

나를 따뜻하게 하시고
내 이웃에 나아갈 수 있도록
나의 사랑을 강렬하게 인도하여 주옵소서.

나는 강하고 확실하나 신앙이 없습니다.
번번히 나는 불신하고
주님과 함께하는 신뢰를 이룰 수가 없나이다.

주님이시여 도우소서
당신께 두는 내 믿음과 신뢰를 강하게 하옵소서
내 지난 모든 재보를 주님께 바쳤습니다.

나는 미천합니다.
당신은 풍요하시며 가난한 자에게 행운을 주시옵니다.
나는 죄인입니다.
당신은 정직합니다.
내게는 죄가 많사옵니다.
주님은 정의가 가득할 뿐입니다.

그리하여 나는 은혜받을 수 있는
당신의 몸에 남아있사옵니다.
나를 아무에게도 주지 마옵소서
오직 주와 함께 있게 하시옵소서

—마르틴 루터

아브라함처럼
믿음으로 순종하게 하소서

믿음을 부어주시는 주님, 저희 ㅇㅇ(이)가 하나님이 지시한 땅을 한 번도 본적이 없지만 믿음으로 떠났던 아브라함처럼 모든 일에 믿음으로 한 걸음 내딛게 하옵소서.

자신의 이익만을 챙기던 롯이 위험에 처했을 때 자기의 목숨을 아까워하지 않고 구한 아브라함처럼 형제의 우애를 소중히 여기는 ㅇㅇ(이)가 되게 하옵소서.

인내하지 못함으로 얻었던 이스마엘이 장래의 찌르는 아브라함의 가시가 되었던 것을 교훈삼아 비록 일들이 더디 된다 하여도 편법을 쓰지 않고 인내함으로 열매를 기다리는 ㅇㅇ(이)가 되게 하옵소서.

도저히 생명을 얻을 수 없는 상황에서도, 바랄 수 없는 상황에서도 이삭(웃음)을 얻었듯이 저희 ㅇㅇ(이)도 최후의 삶에서 웃음으로 마치게 하옵소서.

예수님의 이름으로 기도드립니다. 아멘.

꿈꾸는 자되게 하소서

소망의 주여, 내 ○○(이)가 형들이 죄에 대하여 "예"라고 할 때 "아니오"라고 말하였던 요셉과 같은 용기를 주옵소서. 대답으로만 그치는 것이 아니라 계속해서 타협하지 않고 전진할 수 있는 꾸준함도 주옵소서.

요셉처럼 전진하다가 때로 믿었던 이에게 배신을 당하여도 꿈이 있기에 좌절하지 않게 하옵소서. 또한 억울한 누명을 쓴다 하여도 하나님의 주권을 믿으며 평안을 잃지 않는 넉넉한 가슴을 소유한 ○○(이)가 되게 하소서.

억울함이 사무쳐 인간들에게 결백을 설명하느라 시간을 허비하기보다는 요셉처럼 항변의 말을 삼키고 무릎 꿇게 하옵소서. 밑바닥의 위치에서도 높은 위치의 사람에게 빛을 전하는 이가 되게 하소서.

요셉처럼 가장 높은 곳에 올라가서는 낮은 자를 배려하는 ○○(이)가 되게 하소서. 요셉처럼 자신이 누리는 혜택이 잘남이 아니라 하나님의 은혜임을 알게 하옵소서. 죽음에 임박해서도 민족이 나갈 바를 알리는 거룩한 자가 되게 하옵소서.

예수님의 이름으로 기도드립니다. 아멘.

꿈을 꿔야 꿈이 이루어집니다.

 서로 이르되 꿈 꾸는 자가 오는도다 (창 37:19)

모세처럼
훌륭한 리더가 되게 하소서

주여, 수백 년간 노예로 살아온 이스라엘 백성을 애굽 땅으로부터 벗어나게 한 모세처럼, 우리 ○○(이)가 한 곳에 매몰되어 살아가는 사람들의 눈을 뜨게 하는 선각자가 되게 하옵소서.

너무나 큰 장애물이 앞을 가로막아 아무런 시도조차 하지 않고 주저앉은 사람들에게 "여호와께서 너희를 위하여 싸우시리라"라고 외치는 아이가 되게 하옵소서.
 모세처럼 기도하는 ○○(이)가 되게 하옵소서.
 모세처럼 가장 높은 곳에서 만나는 ○○(이)가 되게 하옵소서.
 모세처럼 가장 깊은 곳에서 만나는 ○○(이)가 되게 하옵소서.
 모세처럼 가장 선명한 하나님의 음성을 듣고 그대로 행하는 ○○(이)가 되게 하옵소서.
 내 ○○(이)의 학교가 시내산이 되게 하시고, 내 ○○(이)의 집이 지성소가 되게 하소서.
 예수님의 이름으로 기도드립니다. 아멘.

모세가 손을 들면 이스라엘이 이기고 손을 내리면 아말렉이 이기고 (출 17:11)

다윗처럼
하나님을 찬양하게 하소서

주여, 골리앗을 물리칠 때도 하나님을 철저히 의지하였고 사자를 만났을 때도 하나님을 의지한 다윗처럼 ○○(이)가 크고 작은 위험에서 주님을 끝까지 의지하게 해주옵소서.

높은 왕의 보좌에서 하나님을 위해 밑의 옷이 벗겨질 정도로 찬양하였고 낮은 목동의 자리인 들판에서도 수금으로 찬양하였던 다윗처럼 어느 장소, 어느 위치에서도 하나님을 찬양하는 우리 ○○(이)가 되게 해주옵소서.

크나큰 죄를 지었지만 회개의 눈물로 크나큰 용서의 은혜를 받았던 다윗처럼 내 ○○(이)가 연약함 때문에 죄를 짓게 되어도 재빨리 한없이 넓은 주의 용서의 품으로 돌아오게 하옵소서.

예수님의 이름으로 기도합니다. 아멘.

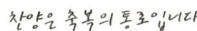
찬양은 축복의 통로입니다.

다윗이 나단에게 이르되 내가 여호와께 죄를 범하였노라 하매 나단이 다윗에게 대답하되 여호와께서도 당신의 죄를 사하셨나니 당신이 죽지 아니하려니와 (삼하 12:13)

사무엘처럼
주님의 음성을 듣게 하소서

주여, ○○(이)가 사무엘처럼 되게 하소서.
욕망의 소리만 따라 살다 보니 하나님의 음성을 듣지 못하는 영적 침묵기에 어려서부터 하나님의 음성을 듣고 바른 소리를 내는 하나님의 소리 되게 하옵소서.

주여, 하나님의 권능을 나타내는 ○○(이)가 되게 하소서. 언약궤가 빼앗기고 하나님의 이름이 땅바닥에 떨어졌을 때 사무엘을 통해 하나님의 살아계심을 만방에 알게 하셨던 것처럼, 내 아이로 인해 하나님의 살아계심을 알리게 하옵소서.

주여, 사무엘을 통해 사울과 다윗이라는 하나님의 사람이 세워졌듯이 ○○(이)로 인해 믿음의 세대를 이어주는 하나님의 사람들이 세워지게 하옵소서.

예수님의 이름으로 기도드립니다. 아멘.

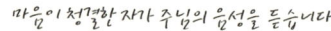

여호와께서 사무엘을 부르시는지라 사무엘이 일어나서 (삼상 3:4)

요한처럼
주님을 사랑하게 하소서

　주여, 저희 ○○(이)가 죽음의 자리에 끝까지 따라간 사도 요한처럼 믿음을 버리지 않고 끝까지 주를 따라가게 하옵소서. 성모 마리아를 죽음의 자리에서 예수님께 부탁받아 잘 모셨듯이 우리 ○○(이)도 부모에게 효도하게 하옵소서.
　밧모섬에서 천상낙원을 경험하였듯이 고독한 곳에서도 주님과 교제함으로 천국을 맛볼 수 있는 ○○(이)가 되게 하옵소서.
　예수님의 이름으로 기도합니다. 아멘.

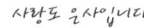

베드로가 돌이켜 예수의 사랑하시는 그 제자가 따르는 것을 보니 그는 만찬석에서 예수의 품에 의지하여 주여 주를 파는 자가 누구오니이까 묻던 자러라 (요 21:20)

사도 바울처럼
복음에 사로잡히게 하소서

주여, 저희 ○○(이)가 그리스도의 타는 듯한 심장을 가지게 해주옵소서. 믿지 않는 영혼을 볼 때마다 타는 듯한 심정을 가지고 젖은 눈으로 영혼을 바라볼 수 있는 사도 바울처럼 되게 하옵소서.

가슴만 뜨거울 뿐만 아니라 냉철한 머리로 복음을 하늘의 지혜를 담아 전하는 자가 ○○(이)가 되게 하옵소서.

감옥에서도 왕 앞에서도 복음에 대한 자부심으로 기죽지 않은 것처럼 어떤 장소에서도, 어떤 사람 앞에서도 예수 믿는 것 때문에 기죽지 않는 복음의 배짱을 가진 당당한 ○○(이)가 되게 하옵소서.

예수님의 이름으로 기도합니다. 아멘.

바울이 가로되 말이 적으나 많으나 당신뿐 아니라 오늘 내 말을 듣는 모든 사람도 다 이렇게 결박한 것 외에는 나와 같이 되기를 하나님께 원하노이다 하니라 (행 26:29)

베드로처럼
실패를 뛰어넘게 하소서

주여, 베드로는 거친 물결을 보고 의심이 들어 물에 빠져 허우적거리게 되었습니다. 이 이야기를 교훈삼아 ○○(이)가 세상의 거친 물결에 휩쓸리지 않게 하시고 주만 바라보며 세상을 다스리는 아이가 되게 하옵소서.

베드로는 주님과 함께 변화산에서 최고의 영적인 경험도 했지만 주님을 저주하는 최악의 자리도 경험했습니다. 베드로는 늘 남들보다 한발 앞서 행동하고 말했습니다. 주님보다 한발 앞서서 실수를 하고 주님께 꾸중도 많이 들었습니다. 그러나 주님의 은혜로 한발 앞서 뉘우쳤습니다. ○○(이)도 실패를 뛰어넘어 존귀한 자가 된 베드로처럼 되게 하옵소서.

예수님의 이름으로 기도합니다. 아멘.

실패는 성공으로 가는 길에 없어서는 안될 과정입니다.

내가 진실로 진실로 네게 이르노니 젊어서는 네가 스스로 띠 띠고 원하는 곳으로 다녔거니와 늙어서는 네 팔을 벌리리니 남이 네게 띠 띠우고 원치 하는 곳으로 데려가리라 (요 21:18)

아무리 철저한 어머니라도 아이들을 항상 돌보고 있을 수는 없는
노릇입니다. 24시간 아이들과 함께 있을 수 없기 때문입니다.
그러나 하나님은 그렇게 하실 수 있습니다.
그러니 귀중한 아이들을 기도로 하나님께 맡기는 것은
당연한 일이 아니겠습니까?

▷ 캐롤 래드, 『적극적인 어머니의 능력』 중에서

영유아를 위한
축복기도 _부록 I

아버지의 기도

내게 이런 자녀를 주옵소서.
약할 때에 자기를 돌아볼 줄 아는 여유와
두려울 때 자신을 잃지 않는 대담성을 가지고
정직한 패배에 부끄러워하지 않고 태연하며
승리에 겸손하고 온유한 자녀를
내게 주옵소서.

생각해야 할 때에 고집하지 말게 하시고
주를 알고 자신을 아는 것이
지식의 기초임을 아는 자녀를
내게 허락하옵소서.

원하옵나니 그를
평탄하고 안이한 길로 인도하지 마옵시고
고난과 도전에 직면하여
분투 항거할 줄 알도록 인도하여 주옵소서.
그리하여
폭풍우 속에서 용감히 싸울 줄 알고
패자를 관용할 줄 알도록
가르쳐 주옵소서.
그 마음이 깨끗하고
그 목표가 높은 자녀를,
남을 정복하려고 하기 전에
먼저 자신을 다스릴 줄 아는 자녀를,
장래를 바라봄과 동시에
지난 날을 잊지 않는 자녀를
내게 주옵소서.

이런 것들을 허락하신 다음
이에 더하여
내 아들에게 유머를 알게 하시고
생을 엄숙하게 살아감과 동시에
생을 즐길 줄 알게 하옵소서.

자기 자신에 지나치게 집착하지 말게 하시고
겸허한 마음을 갖게 하시사
참된 위대성은 소박함에 있음을 알게 하시고
참된 지혜는 열린 마음에 있으며
참된 힘은 온유함에 있음을 명심하게 하옵소서.

그리하여 아버지가 된 자녀가 어느 날
내 인생을 헛되이 살지 않았노라고
고백할 수 있도록 도와주옵소서.

▷ 맥아더 장군

온유한 자녀로 자라게 하소서!

사랑의 주님!

철없고 부족한 저에게 한 아이의 부모가 되게 하심을 감사드립니다. 주님의 사랑과 향기 가득한 이름으로 우리 가정에 보내신 저희 ○○(이)가 대화할 수 있을 정도로 자라나 기쁨이 되고 있으니 찬양과 영광을 올려드릴 따름입니다. 주님, 하지만 시간이 흐를수록 세상의 죄 된 모습을 닮아 거칠어지고 온 세상이 자기의 것인 듯 아무 곳에서나 떼를 쓰는 우리 ○○(이)에게 크신 사랑으로 오셔서 오직 자비하시고 온유하신 주님의 성품을 닮아가게 하옵소서.

옳고 그름의 이성은 있으나, 결코 약한 자를 넘어뜨리지 않는 선하고 따뜻한 마음을 품게 하옵소서. 어려움에 처해 화가 나는 상황에서도 온유함을 잃지 않고 죄인 된 이들을 불쌍히 여기며 품어 안을 수 있는 자녀로 자라가도록 축복해 주옵소서. 주님의 사랑과 긍휼이 저희 ○○(이)에게 덧입혀지길 소망합니다.

예수님의 이름으로 기도드립니다. 아멘.

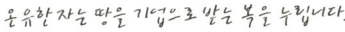
온유한 자는 땅을 기업으로 받는 복을 누립니다.

오직 너 하나님의 사람아 이것들을 피하고 의와 경건과 믿음과 사랑과 인내와 온유를 좇으며 (딤전 6:11)

태아가
건강하게 하소서

창조주 하나님을 찬양합니다!

무(無)에서 유(有)를 창조하시는 주님, 한 생명을 창조하여 주심을 찬양합니다. 또한 주님께서 창조하신 너무나 귀한 ○○(이)를 저희 부부에게 허락하여 주심을 감사드립니다.

이 시간 ○○(이)의 건강을 위해서 기도합니다.

생명의 주인되신 주님, ○○(이)가 태 속에 있는 동안 탯줄을 통하여 필요한 영양분을 잘 공급받을 수 있게 하옵소서. 그리하여 아무런 질병에 걸리지 않고 건강하게 자라도록 인도하여 주옵소서. 눈, 코, 입, 손과 발, 다리와 머리, 그리고 모든 혈관과 오장육부, 뼛속의 세포줄기 하나하나가 건강하게 하옵시고, 건강하게 만들어 주옵소서, 어느 부위 하나 연약하지 아니하도록 인도하시고 창조하여 주옵소서.

예수님의 이름으로 기도드립니다. 아멘.

생명의 주인은 주님이십니다.

하늘이 하나님의 영광을 선포하고 궁창이 그 손으로 하신 일을 나타내는도다 (시편 19:1)

태아가 정상적으로
잘 자라게 하옵소서

생명의 주인 되신 주님을 찬양합니다!

새 생명을 허락하신 주님, 너무나 신비롭고 놀라운 ○○(이)를 저희 가정에 허락하시니 감사합니다.

태 안에서 엄마와 함께 지내는 시간 동안 주님께서 잘 성장시켜 주시길 기도합니다. 태 속에 착상하여 안정되게 하시고 영양분을 잘 공급받게 하시어 신장과 심장 등 주요 오장육부들을 튼튼하게 만들어 주시고 눈, 코, 입 그리고 귀를 만드시고 시각, 후각, 미각 그리고 청각을 발달시켜 주시기를 기도드립니다.

빛에 민감해지기 시작할 때 빛과 어두움을 잘 분별할 수 있도록 해 주시고 소리를 듣기 시작할 때부터 우리 아이에게 필요한 소리를 듣게 하여 주옵소서. 그래서 정상적이고 건강한 아이가 태어나도록 인도해 주옵소서.

예수님의 이름으로 기도드립니다. 아멘.

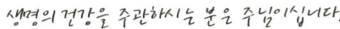
생명의 건강을 주관하시는 분은 주님이십니다.

오직 주께서 나를 모태에서 나오게 하시고 내 모친의 젖을 먹을 때에 의지하게 하셨나이다 (시편 22:9)

평안을 허락하소서

마음의 주인되신 주님을 찬양합니다!

사랑하는 예수님! 우리 ○○(이)가 태 속에 있는 있는 동안 마음의 평안이 임하길 기도합니다. 엄마와 함께 기쁨과 슬픔을 느끼는 ○○(이)를 위해 엄마인 저의 마음에 먼저 평안을 허락하여 주시길 기도합니다.

"평안을 너에게 주노니 세상이 줄 수 없는 평안이라 세상이 알 수도 없는 세상이 줄 수도 없는 평안을 너에게 주노라"라는 말씀을 통해 약속하신 주님, 주님께서 세상이 알 수도 없는, 세상이 줄 수도 없는 평안을 태아에게 선물로 주시길 기도합니다. 태어난 이후에도 그 어떤 상황에서도 정서적으로 평안을 누리는 아가가 될 수 있도록 인도하여 주옵소서.

예수님의 이름으로 기도드립니다. 아멘.

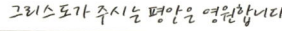

평안을 너희에게 끼치노니 곧 나의 평안을 너희에게 주노라 내가 너희에게 주는 것은 세상이 주는 것 같지 아니하니라 너희는 마음에 근심도 말고 두려워하지도 말라 (요한복음 14:27)

무사히
잘 태어나게 하소서

태의 열매를 주신 주님을 찬양합니다!

주님, 열 달이라는 시간 동안 눈에 보이지 않는 태속에 있을 때에도 언제나 ○○(이)의 건강을 걱정하며 기도했습니다. 열 달의 시간이 지나고 자녀의 태어남을 기다리고 있습니다.

분만에 대한 여러 두려움으로 떨기보다 새 생명을 기대하는 마음으로 평안 가운데 하루 하루를 보낼 수 있도록 도와 주옵소서.

열 달 동안 함께 저와 아기를 지켜주신 주님, 태어나는 그 순간에도 함께 해주셔서 고통을 잘 이기게 해 주시고 태 속을 나오는 고통 가운데서도 산모인 저와 아가가 태어남을 기쁨으로 느끼며 세상으로 나올 수 있도록 도와주옵소서.

예수님의 이름으로 기도드립니다. 아멘.

탄생은 축복입니다.

또 너희 중에 누가 염려함으로 그 키를 한 자나 더 할 수 있느냐 (누가복음 12:25)

아기는 하늘의 소망

"엄마, 난 어디서 왔어요? 어디서 날 데려왔어요?"
아기가 엄마에게 물었습니다.
엄마는 울음 반, 웃음 반으로 아기를 가슴에 꼭 껴안으며
이렇게 대답하였습니다
"아가야, 너는 오랫동안 내 가슴에 깃들인 소망이었단다.
너는 어렸을 때 내가 소꿉질하던 인형 속에 있었고,
매일 아침 진흙으로 빚던
그 형상 속에 들어 있었단다.
그때에 나는 너를 만들고, 부수기도 했단다.
너는 우리 집안에서 가장 신성한 것으로 우러러본 바로 그 사람이요,
가장 높은 것으로 받들어 온 바로 그 사람이란다.
나의 온갖 희망과 사랑 속에서,
나의 생명 속에서, 내 어머니의 생명 속에서
너는 살아왔었고,
우리 집안을 다스리는 영혼의 무릎 위에서 너는 고이 길러졌단다.
아직 처녀였을 때, 내 가슴이 마침내 꽃피려 할 때,

너는 그윽한 향기처럼
꽃잎의 가장자리에 떠돌았고,
너의 사랑스런 피와 살은 해뜨기 전 하늘의 광채처럼
내 젊은 팔다리에 넘쳐났단다.
하늘에서 태어난 첫 아가야,
아침해가 쌍둥이로 태어난 아가야,
너는 이 세상 생명의 샘을 흘러오다가
마침내 내 가슴 위로 깃들었구나.
네 얼굴을 물끄러미 들여다보노라면,
알지 못할 신비가 내 몸을 감싸는구나.
온 세상의 것인 네가 내 것이 되었다니!
혹시나 놓칠세라 꺼질세라 이렇게 대견하게 꼭 껴안았단다.
아, 그 어떤 천사가 세상에서도 제일 귀한 보배를
이처럼 가느다란 내 팔에 안겨 준 것일까?"

▷ 타고르의 〈시작〉 전문

축복된 탄생이 되게 하소서

자녀를 탄생케 하신 주님을 찬양합니다!
은혜의 주님, 두근두근 설레는 마음으로 ㅇㅇ(이)의 탄생을 기다리며 기대하며 기도합니다.
세포 하나에서 시작된 저희의 아기가 신체의 필요한 모든 것을 갖추고 한 생명으로 태어난다는 것은 창조주 하나님께서 행하신 너무나 감격스러운 사건임을 깨닫게 해 주셔서 감사합니다.
주님께서 태 속에서 아기의 생명을 조성하시고, 성장시켜 주셨고 세상에 태어나게 해 주심을 감사합니다. 이후로 ㅇㅇ(이)의 인생이 주님을 천국에서 만날 때까지 늘 함께 해주실 것을 축복하며 기도합니다.
예수님의 이름으로 기도드립니다. 아멘.

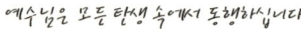

보라 처녀가 잉태하여 아들을 낳을 것이요 그 이름은 임마누엘이라 하리라 하셨으니 이를 번역한즉 하나님이 우리와 함께 계시니라 함이라 (마태복음 1:23)

엄마와 애착형성이
잘 이루어지게 하소서

평안과 안식을 주시는 주님을 찬양합니다!

주님, 열 달 동안 태속에서 평안 가운데 지내던 ○○(이)가 새로운 세상에 태어나 제일 먼저 만나고 알게 된 엄마와의 애착형성을 위해 기도합니다.

주님께서 목숨을 내어 주시기까지 저를 사랑하여 주심을 기억하며 저 또한 ○○(이)를 위하여 목숨을 버릴 수 있는 사랑을 하기 원합니다. 그 사랑을 ○○(이)에게 줄 수 있도록 사랑의 마음을 허락해 주옵소서.

자녀가 엄마의 그 사랑을 통하여 이 세상은 아름다운 곳이며 사랑받기 위해 태어났고 사랑하며 살아가야 한다는 것을 느끼고 알게 해주옵소서. 이 느낌과 깨달음이 하루 속히 이루어져 달라진 환경 때문에 불안해 하지 말게 하시며, 엄마인 저에게 정서적인 애착이 이루어질 수 있도록 인도하여 주옵소서!

예수님의 이름으로 기도드립니다. 아멘.

엄마, 아가에게는 최고의 안식처입니다.

그가 우리를 위하여 목숨을 버리셨으니 우리가 이로써 사랑을 알고 우리도 형제들을 위하여 목숨을 버리는 것이 마땅하니라 (요한일서 3:16)

면역력을 키워 주옵소서

힘이 되시는 여호와를 찬양합니다!

주님, 주님께서 창조하신 세상에는 우리에게 허락하신 좋은 선물들이 많습니다.

햇빛, 바람, 비, 눈, 시원한 공기...

그렇다고 좋은 선물들만 있는 것이 아님을 알고 있습니다. 사람들의 욕심으로 만들어진 자녀의 건강을 해치는 유해한 것들도 많이 있습니다.

우리 ○○(이)가 유해한 것들로부터 자신을 보호할 수 있도록 힘과 능력을 주옵소서. 유해한 것들과 싸워 이길 수 있도록 강한 면역력을 허락해 주옵소서. 그래서 잦은 병치레로 고생하지 말게 하시며, 마땅히 크고 성장할 때에 쑥쑥 자랄 수 있도록 축복해 주옵소서.

예수님의 이름으로 기도드립니다. 아멘.

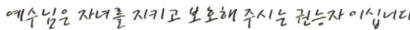
예수님은 자녀를 지키고 보호해 주시는 권능자 이십니다.

대저 하나님께로서 난 자마다 세상을 이기느니라 세상을 이긴 이김은 이것이니 우리의 믿음이니라
(요한일서 5:4)

온전히 성장하게 하소서

우리를 영육으로 자라게 해주시는 주님을 찬양합니다!

예수님께서 지혜와 그 키가 자라가며 하나님과 사람에게 더 사랑스러워 가셨다는 말씀을 기억합니다.

주님, 저의 ○○(이)가 예수님처럼 지혜와 그 키가 자라가며 하나님과 사람에게 더 사랑스러워지기를 기도드립니다. 영혼이 잘 됨같이 범사가 잘 되는 축복을 내려주셨듯이 영과 육이 골고루 조화롭게 성장하게 하옵소서.

성장발달에 필요한 영양소를 섭취하고 생활 속에서 체력단련에 필요한 운동도 열심히 하여서 건강하게 자라게 해주시고 성장발달에 불필요한 스트레스는 해소해 버리고 강건하게 자라게 해주옵소서.

예수님의 이름으로 기도드립니다. 아멘.

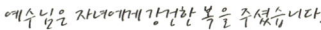
예수님은 자녀에게 강건한 복을 주셨습니다.

예수는 그 지혜와 그 키가 자라가며 하나님과 사람에게 더 사랑스러워 가시더라 (누가복음 3:52)

인지능력을 주소서

지혜의 영을 부어 주시는 주님을 찬양합니다!
주님, 자녀의 지(知)적인 발달을 위해 기도드립니다.
솔로몬 왕이 하나님께 일천번제를 드리며 구했던 것은 지혜였습니다.
이 시간 솔로몬 왕을 기억하며 자녀가 지혜롭게 자라기를 기도드립니다. 지식의 근본은 주님을 경외하는 것이라 말씀해 주셨사오니 주님을 사랑하며 경외하게 하시고, 지식을 아는 것으로만 그치는 것이 아니라 하나를 배우면 열을 알게 하시어 무엇보다 명철하며 지혜로운 자녀로 성장하게 해 주옵소서.
책을 통하여, 정보를 통하여 얻는 지식보다 말씀을 통하여 하나님께서 주시는 하늘의 지혜를 얻고자 자녀가 무릎꿇어 기도하게 하옵소서.
예수님의 이름으로 기도드립니다. 아멘.

선악을 분별하는 힘은 하나님을 경외하는데서 옵니다.

누가 주의 이 많은 백성을 재판할 수 있사오리까 지혜로운 마음을 종에게 주사 주의 백성을 재판하여 선악을 분별하게 하옵소서 (열왕기상 3:9)

관계를 온전히
이루게 하소서

관계 속에 함께 하시는 주님을 찬양합니다!

주님, 저의 ○○(이)가 새롭게 만나고 변화되는 어린이집, 유치원, 놀이방 어디에서나 만나는 친구들과 선생님 등 새로운 환경에 잘 적응할 수 있기를 기도드립니다.

지금까지 자녀가 경험해 보지 못한 새롭게 만나는 사람들에게 두려움을 갖지 말게 하시며, 용기있고 담대한 마음으로 그리고 사랑의 마음으로 사귀어 가도록 인도해 주옵소서. 자녀가 자신과 같지 않음 때문에 이해되지 않고 용납되지 않아 힘들어 할 수 있을 것입니다. 세상에는 여러 모습의 사람들이 있음을 알게 하시어 그때에 그들을 이해할 수 있는 마음을 주시고 그들을 사랑할 수 있는 마음을 허락해 주옵소서.

예수님의 이름으로 기도드립니다. 아멘.

건강한 관계는 회복의 지름길입니다.

너희 안에 이 마음을 품으라 곧 그리스도의 마음이니 (빌립보서 2:5)

안전하게 지키시고
보호해 주소서

언제 어디서나 저희를 보호해 주시는 주님을 찬양합니다!

우리의 ○○(이)의 한걸음 한걸음을 인도하시는 주님, 한치 앞도 알 수 없고 내일 일도 알 수 없는 삶 속에서 아이의 안전을 위해 기도합니다.

가정 안에 있을 때에나 가정 밖으로 나갈 때에 넘어지고 부딪치고 할 때마다 붙들어 주시고 보호해 주옵소서. 설령 아픔이 있다 할지라도 극복하게 해주시고, 시간이 갈수록 스스로 딛고 반드시 서서 걷고 뛸 수 있는 은총을 베풀어 주옵소서.

저희 부모는 안전을 위협하는 것들로부터 언제 어디서나 자녀를 지킬 수 없는 연약한 자들이오니, 이 엄마의 눈에 보이지 아니하는 순간 순간 주님께서 지켜 주옵소서.

예수님의 이름으로 기도드립니다. 아멘.

정서적인 평강을
누리게 하소서

안식을 주시는 주님을 찬양합니다!

주님, 마음의 주인 되신 주님께 기도합니다. 이 세상은 눈으로 보이는 것들과 귀로 듣는 것들이 마음을 혼란케 하고 미혹케 하고 있습니다.

이러한 세상을 살아가는 우리 ○○(이)에게 주님이 기뻐하시는 것들을 보게 하시고 주님이 기뻐하시는 것들을 듣게 하여 주시기 바랍니다. 그리하여 마음의 평안을 지킬 수 있기를 기도합니다. 마음을 지키는 것이 성의 성벽을 지키는 것과 같다고 말씀하셨습니다.

성의 성벽이 무너지면 그 성은 무너질 수밖에 없습니다. 그만큼 중요한 마음을 지키고 마음의 평안을 저의 ○○(이)에게 허락하여 주시옵소서.

예수님의 이름으로 기도드립니다. 아멘.

평안은 아가를 지켜주는 최고의 무기입니다.

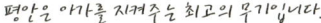

자기의 마음을 제어하지 아니하는 자는 성읍이 무너지고 성벽이 없는 것 같으니라 (잠언 26:28)

좋은 식습관을
갖게 하소서

　입고 먹고 마시는 모든 것을 책임져 주시는 주님을 찬양합니다!
　주님, ○○(이)가 건강한 신체를 가지고 생활할 있도록 좋은 식습관을 갖도록 간구합니다.
　부모의 게으름 때문에 패스트푸드로 자녀의 입맛을 길들이게 하지 마시고 부모된 저희들이 먼저는 ○○(이)의 건강을 위해 정성스럽게 식탁을 준비하게 하옵소서.
　저희의 아가가 편식하지 않고, 골고루 먹는 습관을 갖게 하시고, 꼭꼭 씹어 먹는 습관을 갖게 하시고, 먹는 즐거움을 누리게 하옵소서. 먹고 마시는 중에 온 가족이 사랑을 느끼게 하옵시고 나아가 이 식습관으로 일평생 건강한 삶을 살아가게 하옵소서.
　예수님의 이름으로 기도드립니다. 아멘.

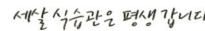

예수께서 마태의 집에서 앉아 음식을 잡수실 때에 많은 세리와 죄인들이 와서 예수와 그 제자들과 함께 앉았더니 (마태복음 9:10)

언어의 즐거움을
누리게 하소서

말씀으로 오신 주님을 찬양합니다!
주님, 저희 ○○(이)의 옹알이와 하나씩 배워가는 말을 통해 즐거움을 누리게 하옵소서. 말이 엄마와 아빠와 사람들과 소통할 수 있는 중요한 도구임을 깨닫게 하시고 말을 배워가는 데에 스스로 열심을 내게 하옵소서.
말을 할 때에 하나님께서 기뻐하시는 말을 할 수 있는 아이가 되게 인도하여 주옵소서.
예수님의 이름으로 기도드립니다. 아멘.

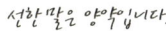
선한 말은 꿀송이 같아서 마음에 달고 뼈에 양약이 되느니라 (잠언 16:24)

사랑을 온전히
표현하게 하소서

저희에게 늘 화목하도록 인도하신 주님을 찬양합니다!
주님, 공격적인 ㅇㅇ(이)를 위하여 기도드립니다.
마음이 불안하고 평안과 기쁨이 없기 때문에 수용적이지 못하고 공격적인 ㅇㅇ(이)에게 평화의 주님께서 함께 해 주시옵소서. 말로 표현하지 못하기에 폭력적인 손짓이 먼저 나가는 저희 아기의 무분별함을 지혜의 영을 허락하셔서 분별하게 하옵소서.
가족과 타인은 공격해야 할 대상이 아니라 사랑해야 할 사람들이라는 것을 알게 하옵소서. 모두가 사랑하고 있다는 것을 저희 ㅇㅇ(이)가 본능적으로 알게 하시고 그들에게 사랑을 표현하는 방법을 하루속히 터득하게 하옵소서.
또한 자녀로 화가 나게 하고 성을 내게 하는 것들을 용서할 수 있는 마음을 허락해 주옵소서. 용서를 통하여 평안함을 얻게 하시고 그리하여 공격적으로 친구들과 사람들을 대하는 것이 아니라 사랑으로 대하게 하옵소서.
예수님의 이름으로 기도드립니다. 아멘.

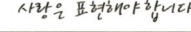

또 가라사대 너희가 무엇을 듣는가 스스로 삼가라 너희의 헤아리는 그 헤아림으로 너희가 헤아림을 받을 것이요 또 더 받으리니 (마가복음 4:24)

놀이공간을
즐거워하게 하소서

저희를 교육시켜 주시는 주님을 찬양합니다!

주님, 저의 ○○(이)가 처음으로 또래 친구들과 함께 하기 위해 유치원이라는 공동체에 발을 딛게 되었습니다.

공동체의 규칙을 잘 지키게 하시고, 그것을 지키는 것을 즐거워하게 하옵소서. 친구들이나 선생님에게 사랑받게 하시고 또한 나눔과 배려를 배우게 하시고 나눠줌으로 자신의 사랑을 표현할 줄 알게 하옵소서. 공동체 안에서 소중한 것이 무엇인지 깨달아 유치원 생활이 사회생활과 학교생활을 하기 전에 아이의 기초적인 소양을 길러주는 아름답고 귀한 공간이 되게 하옵소서. 늘 유치원 생활이 좋은 추억과 기억으로 남을 수 있도록 언제나 즐거운 시간이 되게 하여 주옵소서.

예수님의 이름으로 기도드립니다. 아멘.

주여, 나는 당신을 힘입어 하나님께 이르나이다.
길이요 진리요 생명이신
주여!
기도의 길을 몸소 걸어가셨던
주여, 우리에게 기도할 바를 가르쳐
주소서!

−제임스 몽고메리의 〈기도란 무엇인가〉 전문

자녀를 위한 치유기도 _ 부록 II

용서를 위한 기도

그 누구를 그 무엇을
용서하고 용서받기 어려울 때마다
십자가 위의 당신을 바라봅니다.

가장 사랑하는 이들로부터
이유 없는 모욕과 멸시를 받고도
피 흘리는 십자가의 침묵으로
모든 이를 용서하신 주님

용서하지 않는 사랑은 사랑이 아니라고
용서는 구원이라고
오늘도 십자가 위에서
조용히 외치시는 주님

다른 이의 잘못을 용서하지 않기엔
죄가 많은 자신임을 모르지 않으면서
진정 용서하는 일은 왜 이리 힘든지요.
제가 이미 용서했다고 생각했던 사람이
아직도 미운 모습으로 마음에 남아
저를 힘들게 할 때도 있고

깨끗이 용서받았다고 믿었던 일들이
어느새 어둠의 뿌리로 칭칭 감겨와
저를 괴롭힐 때도 있습니다.
조금씩 이어지던 화해의 다리가
제 옹졸한 편견과 냉랭한 비겁함으로
끊어진 적도 많습니다.
서로 용서가 안 되고 화해가 안 되면
혈관이 막힌 것 같은 답답함을 느끼면서도
늘 망설이고 미루는 저의 어리석음을
오늘도 꾸짖어주십시오.
언제나 용서에 더디어

살아서도 죽음을 체험하는 어리석음을
온유하시고 겸손하신 주님
제가 다른 이를 용서할 땐 온유한 마음을
다른 이들로부터 용서를 받을 땐
겸손한 마음을 지니게 해주십시오.

아무리 작은 잘못이라도
하루 해 지기 전에
진심으로 뉘우치고
먼저 용서를 청할 수 있는
겸손한 믿음과 용기를 주십시오.

잔잔한 마음에 거센 풍랑이 일고
때로는 감당 못할 부끄러움에
눈물을 많이 흘리게 될지라도
끝까지 용서하고 용서받으며
사랑을 넓혀가는 삶의 길로

저를 이끌어주십시오. 주님,
너무 엄청나서 차라리 피하고 싶던
당신의 그 사랑을 조금씩 닮고자
저도 이제 가파른 비탈길을 오르렵니다.
피 흘리는 십자가의 사랑으로
모든 이를 끌어안은 당신과 함께
끝까지 용서함으로써만 가능한
희망의 길을 끝까지 가렵니다.

오늘도 십자가 위에서 묵묵히
용서와 화해의 삶으로 저를 재촉하시며
가시에 찔리시는 주님,
용서하고 용서받은 평화를
이웃과 나누라고 오늘도 저를 재촉하시는
자비로우신 주님

▷ 이해인

사람을 축복하는
입술이 되게 하소서
(욕 잘하는 아이를 위한 치유기도문)

　ㅇㅇ(이)에게 말할 수 있는 복을 주신 하나님, ㅇㅇ(이)가 입술을 축복의 통로로 사용하게 하옵소서. 오늘도 ㅇㅇ(이)는 귀여운 입술로 많은 사람들을 저주하며 삽니다. 인터넷 환경 속에서 만난 또래의 아이들에게도 첫 인사를 욕으로 시작합니다. 그리고 자기와 의견이 다르거나 혹 제 맘에 들지 않으면 서슴없이 악을 쏟아냅니다.

　오 주님, 이것은 너무나 커다란 죄악입니다. 이것은 반드시 고침받아야 할 기도 제목입니다. 저희 ㅇㅇ(이)를 이 큰 악의 소용돌이 속에서 건져 주옵소서. 주님, 부정적인 ㅇㅇ(이)의 혀를 긍정적으로 바꿔주옵소서. 아이의 입술을 폭력에서 사랑으로, 무시에서 용기를 주는 입술로 바꿔주옵소서. 욕으로 자신의 존재를 나타내려는 것이 정말 어리석은 행동임을 뼈저리게 느끼게 하옵소서.

　주님, 저희의 힘으로 하기에는 ㅇㅇ(이)가 너무 영악하며, 환경 또한 너무나 척박합니다. 주님, 도와주옵소서. ㅇㅇ(이)에게 지혜를 주셔서 고운 말을 사용하게 도와 주옵소서. 일생 선한 입술의 열매로 복을 누리는 인생이 되게 하옵소서.
　예수님의 이름으로 기도합니다. 아멘.

축복은 입술을 타고 들어옵니다.

사람은 입에서 나오는 열매로 하여 배가 부르게 되나니 곧 그 입술에서 나는 것으로 하여 만족하게 되느니라 (잠 18:20)

땀의 가치를 귀하게
여기게 하소서
(게으른 아이를 위한 치유기도)

지금도 변함없이 우리를 위해 일하시는 주님, 그 신실하심에 감사를 드립니다. 바라기는 저희 ○○(이) 또한 주님의 성실을 본받아 부지런한 삶을 살아가기 원합니다.

틈만 나면 게임에 빠져 생활의 리듬을 망가트리기 일쑤입니다. 주님, 고쳐 주옵소서. ○○(이)의 게으름을 막아 주시고, 스스로 하는 견고한 삶의 의지를 갖게 하옵소서. 매사에 '하겠다'는 의욕이 넘쳐남으로 자신의 삶을 활력있게 살아가게 하옵소서. 끊임없이 도우시는 주님의 은총을 간절히 구합니다. 땀의 가치를 알고, 자신이 땀을 흘려 사는 것이 행복임을 알게 하옵소서.

예수님의 이름으로 기도합니다. 아멘.

인간은 자신의 이마에 땀을 흘려서 자기 자신의 빵을 얻어야합니다 - 톨스토이

부지런하여 게으르지 말고 열심을 품고 주를 섬기라 (롬 12:11)

연약한 의지를 붙들어 주소서
(인터넷 중독에 빠진 아이를 위한 치유기도)

우리의 도움이 되시는 주님, 죄의 유혹 앞에 너무나 연약한 ○○(이)를 도와주옵소서.

디지털의 달콤한 유혹들이 블랙홀처럼 ○○(이)의 영혼을 빨아들이고 있습니다. 밥먹는 것보다 친구 만나는 것보다 인터넷의 자극적인 환경에 더 친숙합니다.

주님, 인터넷 사용 초·중·고생 30%가 중독이거나 중독 직전이라고 합니다. 주님, 제 ○○(이)도 인터넷 중독증으로 고통받고 있습니다. 조금만 컴퓨터를 멀리하면, 불안해 하며, 그 때문에 친구관계가 끊겨 힘들어 하고 있습니다.

주님, 제 ○○(이)를 도와 주옵소서. 건강한 인격으로 자라나기를 원합니다. 무엇보다 규칙적인 생활에 눈뜨게 하여 주옵소서. 다양한 일상생활에 관심을 갖게 하시고, 잠자는 시간을 컴퓨터 때문에 방해 받지 않도록 창조적인 생활리듬을 갖게 하옵소서. 자신의 만족을 자극적인 전자 신호보다는 사람을 통해서 더 많이 얻게 하여 주옵소서. 그리고 인터넷 사용을 자제하려고 결심하지만, 반복적으로 실패하여 우울해 할 때 친구처럼 다가와 용기와 힘을 북돋워 주옵소서. 아울러 치료에 더 열심을 내게 하시고, 몸이 자라듯 의지 또한 자라 건강하게 살아가는 ○○(이)가 되기를 원합니다.

예수님의 이름으로 기도합니다. 아멘.

아이의 눈을 컴퓨터에서 인간과 자연으로 바꿔줄 때 인터넷중독은 치유의 문이 열리게 됩니다.

이와 같이 성령도 우리 연약함을 도우시나니 우리가 마땅히 빌 바를 알지 못하나 오직 성령이 말할 수 없는 탄식으로 우리를 위하여 친히 간구하시느니라 (롬 8:26)

아이의 마음을 활짝 열어 주소서
(자폐기질이 있는 아이를 위한 치유기도)

우리를 때로는 시련과 고난을 통해 단련하시는 하나님, ○○(이)의 마음이 닫힌 후로 저희는 고통의 나날들을 보내고 있습니다. 갑자기 닥쳐온 불행의 파도가 너무 힘겨워 감사보다는 원망의 울부짖음 속에 헤매이고 있습니다. 그런 우리에게 한 줄기 빛으로 다가오신 주님, ○○(이)의 닫힌 마음을 통해 십자가의 고통을 묵묵히 견뎌내신 주님의 모습을 바라봅니다. 그 순간 '왜 내 아이가…' 하는 원망의 눈물이 변해 ○○(이)의 고통을 아심에 감사의 눈물을 흘립니다.

주님, 십자가를 통해 바라본 자폐는 병이 아니었습니다. 오히려 아이를 진심으로 이해하지 않으려는 이기주의가 더 큰 병이었음을 깨닫게 해 주시니 감사드립니다. 지금은 마음 안에 갇혀 자신과 대화를 하고 있는 ○○(이)를 언젠가 주님께서 그 마음을 활짝 열어주시리라 믿습니다. 그리고 자신의 마음 밖으로 나와 우리에게 기쁨을 주며, 주님께서 ○○(이)를 저희 품에 안겨 주시리라 믿습니다. 무엇보다 아이가 가정생활에 잘 적응하도록 도와주옵소서. 그리고 사회의 척박한 환경 속에서 저희 ○○(이)가 희망의 꽃을 피우게 하옵소서.

예수님의 이름으로 기도합니다. 아멘.

자폐는 병이 아닙니다. 자폐를 이해하지 못하는 것이 병입니다.

여호와는 마음이 상한 자에게 가까이 하시고 중심에 통회하는 자를 구원하시는도다 (시 34:18)

사람을 사랑하게 하소서
(친구를 괴롭히는 아이를 위한 치유기도)

　이웃을 내 몸처럼 사랑하라 하신 주님, 제 ○○(이)를 다툼으로부터 보호해 주옵소서. 온유한 마음으로 친구들을 사랑할 수 있도록 도와주옵소서. 친구들과 다투고, 힘이 약한 아이를 괴롭히는 악을 멈추게 하옵소서. ○○(이)에게 회개의 영을 부으셔서 그 악한 길을 끊고 새로운 길을 가게 하옵소서.
　그 악한 길에서 돌이켜 온유하고 친절한 마음으로 살아가게 하옵소서. 자신이 따돌리고 괴롭힌 친구가 현재 얼마나 고통을 당하고 있는지 철저히 깨달아 알게 하옵소서. 그래서 다른 사람들에게 관대하고 주의 사랑으로 사람들을 용납하는 마음을 갖게 하옵소서.

　주님, 아이가 그렇게 된 것은 부모인 저희 책임이 더욱 큽니다. 아이를 신앙적으로 바로 가르치지 못했음을 용서해 주옵소서. ○○(이)에게 무관심했고, 잘못했을 때 무조건 감싸는 것이 자녀를 사랑하는 것인 줄 알았습니다.

　주님, 저희 아이로 인해 고통 받은 피해자 가족을 위해서 기도드립니다. 그들의 상한 마음을 감싸 주시고, 피해 학생 또한 치유하여 주옵소서. 그래서 하루 빨리 상처에서 벗어나 성숙한 삶을 살아가게 하옵소서.
　예수님의 이름으로 기도합니다. 아멘.

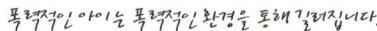
폭력적인 아이는 폭력적인 환경을 통해 길러집니다.

마음의 정결을 사모하는 자의 입술에는 덕이 있으므로 임금이 그의 친구가 되느니라 (잠 22:11)

밝고 명랑하게 하소서
(우울증에 걸린 아이를 위한 치유기도)

　기쁨의 근원이 되시는 하나님, 우울증에 걸린 ○○(이)를 위해 기도합니다. ○○(이)가 날마다 주님이 주시는 평안과 기쁨을 마음껏 누리며 살기를 원합니다. 주님이 주시는 기쁨이 넘쳐나는 생이 되게 하옵소서. 무엇보다 자신을 귀히 여기게 하옵소서. 자신의 의미를 주님 안에서 분명히 발견케 하옵소서.

　주님, ○○(이)의 사고 방식을 바꿔 주옵소서. 몸의 콤플렉스나 열등의식에 눌리지 않게 하시고, 부정적인 마음들을 은혜로 다스려 주옵소서. 또한 긍정적인 마음을 가진 친구들을 만나게 하시고, 그들과 함께 즐거운 삶을 살아가게 하옵소서. ○○(이)를 영적으로 도울 수 있는 교회를 만나게 하시고, 경험 많은 의료기관을 만나 우울증 치료에 도움 받게 하옵소서. 그리고 ○○(이)를 치료하는 일에 부모로서 지치지 않게 하옵소서. 저희의 심령도 주님 안에서 기뻐하며 살게 하옵소서

　주님, 아이는 홀로 근심하며 연약해질 때 주님이 주시는 은혜 속에 심령이 회복되기를 원합니다. 연약함을 붙들어 주시고, 밝고 명랑한 아이로 자라나게 하옵소서.
　예수님의 이름으로 기도합니다. 아멘.

유머는 신앙의 전주곡이고 웃음은 기도의 시작입니다.
마음의 즐거움은 얼굴을 빛나게 하여도 마음의 근심은 심령을 상하게 하느니라 (잠 15:13)

아이의 마음을 단련시켜 주소서
(부모의 이혼으로 힘들어 하는 아이를 위한 치유기도)

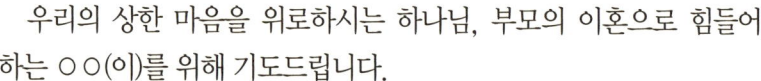

　우리의 상한 마음을 위로하시는 하나님, 부모의 이혼으로 힘들어 하는 ○○(이)를 위해 기도드립니다.
　감당할 수 없는 상황으로 인해 힘들어 하는 ○○(이)를 붙들어 주옵소서. 지금 현실에 처한 모든 것들을 있는 그대로 받아들이고 모든 것을 이겨내어 굳건히 자신의 길을 갈 수 있도록 도와 주옵소서. 주님이 주시는 믿음과 용기가 ○○(이)에게 필요합니다.

　특히 사람에 대하여 불신감을 치유하여 주옵소서. 부모에 대한 원망과 불신이 이성에 대한 불신감으로 자라나지 않게 하옵소서. 버림받았다는 거절감 때문에 생을 비관하지 말게 하시고, 자신의 존재를 부정하는 연약함에서 건져 주옵소서. 마음에 심기워진 분노와 혼란을 붙들어 주옵소서. ○○(이)가 이러한 고통스러운 혼란감을 잊고자 의도적인 비행에 빠져들지 않도록 주께서 그 마음을 주장하여 주옵소서. 앞으로 더욱더 간절히 아이에게 필요한 존재는 주님이십니다.
　아픔으로 힘 잃고 지쳐 있을 때 믿음으로 바로 일어설 수 있도록 인도하여 주시기 원합니다.
　예수님의 이름으로 기도합니다. 아멘.

마음의 상함을 고치는 최고의 약은 예수 그리스도입니다.

여호와여 나를 살피시고 시험하사 내 뜻과 내 마음을 단련하옵소서 (시 26:2)

아픔을 딛고 승리하게 하소서
(성폭행을 당한 아이를 위한 치유기도)

심령이 상한 자를 치유하시며, 수렁에 빠진 자를 도우시는 하나님, 성폭행의 아픔으로 고통당하는 ○○(이)를 위해 기도드립니다.

무엇보다 ○○(이) 상처를 치유해 주시고, 다친 마음을 싸매어 주옵소서. ○○(이)의 마음을 사랑의 손길로 돌봐주시고, 다시금 새로운 삶을 살아가게 하옵소서.

무슨 말로도, 어떤 위로로도 찢긴 그 심령을 회복할 수 없음을 압니다. ○○(이)가 전폭적인 감정적 보호를 받게 하시고, 이로 인해 ○○(이)가 위축이 되거나 부끄럼을 느끼지 않도록 은혜를 주옵소서.

주님, ○○(이)가 성폭행의 정신적 후유증에서 속히 벗어나게 하옵소서. 사람에 대한 신뢰감을 회복시켜 주시고, 우울증이나, 죄의식 등으로부터 스스로 벗어나기 위해 애쓰는 아이가 되게 하옵소서

○○(이)의 상처난 자아가 분노나 적대감, 반항적인 행동으로 나타나지 않도록 도와주옵소서. 고난과 아픔의 자취 가운데서 주님의 은혜로 스스로를 살찌우며 견고하게 자라 상처난 이들을 돕는 성숙한 영혼이 되게 하옵소서.

예수님의 이름으로 기도합니다. 아멘.

소낙비 후에 땅이 더욱 기름지듯 고통은 우리를 성숙케 하는 디딤돌입니다.

그러므로 내가 그리스도를 위하여 약한 것들과 능욕과 궁핍과 핍박과 곤란을 기뻐하노니 이는 내가 약할 그 때에 곧 강함이니라 (고후 12:10)

하늘도 기뻐하시는 사랑
　　　　　　　-타고르의 〈내 아들아〉 전문

내 아들아.
내가 네게 여러 빛깔의 장난감을 가져다 주었을때
어찌하여 구름이나 물에도 그런 빛깔의 유희가 있는지
어찌하여 또 꽃들은 갖가지 빛으로 물들여져 있는지
그까닭을 알았단다, 내 아들아-
내가 네게 여러 빛깔의 장난감을 가져다 주었을 때.

내 노래 불러 너를 춤추게 할 때
나뭇잎 사이에 음악이 있음을
또 물결이 온갖 소리로 합창을 보내와
귀기울이는 대지의 가슴에 닿게 함을
나는 정말 알겠구나-
내가 노래 불러 너를 춤추게 할 때.

내 달콤한 것을
갖고 싶어하는 네 손에 쥐어 줄 때
꽃 속에 꿀이 있음을 알겠구나, 또
과일에 단물이 은밀히 채워져 있음을
나는 정말 알겠구나-
네 갖고 싶어하는 손에 그것을 쥐어줄때.

사랑스런 내 아들아,
네 얼굴에 입맞춤하여 너 미소 지을 때
아침 햇살 받아
하늘에서 흘러내리는 즐거움이 어떤것인가를
나는 똑똑히 알겠구나-
내가 네 얼굴에 입맞춤하여 너 미소 지을 때.

영육의 강건한
복을 주소서

    치유의 주님, 저희 ○○(이)의 아픔과 상처를 치료하여 주옵소서. 부모의 어리석음과 욕심으로 인하여 받은 상처, 눈에 보이는 것을 중요시하는 사람들로 인하여 받은 상처, 만남 속에서 소외되는 상처, 그리고 앞으로 그의 영역이 넓어지면서 받게 될 많은 어려움들과 그 속에서 받게 될 상처들, 그것에서 나음을 입게 하옵소서.

    상처 받을까 두려워서 삶이나 관계들을 피하기보다는 상처를 받아도 그것들을 극복하고 치유할 수 있는 영육의 강건한 복을 ○○(이)에게 주옵소서. 어떤 어려움과 아픔이 있더라도 그가 존귀한 자이며 하나님의 귀한 피조물인 것을 소중히 여기게 하옵소서.

    ○○(이)를 사랑하시는 주님! ○○(이)의 마음에 있는 상처들을 온전히 드러내시고 하나하나 손을 얹으사 보혈의 피로 낫게 하옵소서. 그리하여 건강한 자로 살게 하옵소서. 그 마음에 기쁨이 충만하게 하옵소서. 그의 삶이 빛 가운데 거하게 하옵소서. 더 이상 아파하지 않게 하옵소서. 더 이상 숨기지도 말게 하옵소서. 하나님 아버지 앞에 드러내고 치유 받을 수 있는 능력을 아들에게 주옵소서. 그리하여 하나님 안에서 자유롭게 하옵소서.
    예수님의 이름으로 기도드립니다. 아멘.

마음의 상함을 고치는 최고의 약은 예수 그리스도입니다.

여호와여 주의 하신 일이 어찌 그리 많은지요 주께서 지혜로 저희를 다 지으셨으니 주의 부요가 땅에 가득 하나이다 (시편 104: 24)

시련을 이겨내는 믿음을 주소서
(가정폭력에 시달리는 아이를 위한 치유기도)

　　인간의 연약함을 아시는 하나님, 가정폭력으로 고통당하는 ○○(이)를 위해 기도합니다.
　　이 악한 죄악의 사슬에서 ○○(이)가 하루라도 빨리 보호받고, 평온한 환경 가운데 살아가게 하옵소서. 주님, 혹독한 시련 가운데 처한 ○○(이)를 도와 주옵소서. 폭력으로 찢기고 상한 자아에 위로 받을 수 있는 환경으로 속히 인도하옵소서.
　　가정 폭력을 목격함으로 상한 ○○(이)의 정체성을 회복시켜 주옵소서. 아울러 자신 또한 폭력의 희생자이면서 가해자가 되지 않도록 인도해 주옵소서.

　　주님, 도와 주옵소서! 아이가 학교에 잘 적응해 가도록 도와 주시고, 정신적 장애에 시달리지 않도록 크신 위로와 사랑을 베풀어 주옵소서. 무엇보다 정서적으로 안정될 수 있도록 인도해 주옵소서. 자긍심을 갖게 하시고, 외로움을 극복할 수 있도록 귀한 친구들을 사귀게 하여 주옵소서. 삶 속에 뜻하지 않는 고난이 몰아쳐 오더라도 과거의 경험이 쓴 뿌리로 남지 않게 하시며, 하나님을 원망하거나 떠나지 않게 하시고, 기도함으로 하나님을 의지하고 현실을 극복하게 하옵소서.
　　예수님의 이름으로 기도합니다. 아멘.

시련은 우리를 잠깐 넘어트릴 수는 있으나 우리를 망하게 할 수는 없습니다.

두려워 말라 내가 너와 함께 함이니라 놀라지 말라 나는 네 하나님이 됨이니라 내가 너를 굳세게 하리라 참으로 너를 도와 주리라 참으로 나의 의로운 오른손으로 너를 붙들리라 (이사야 41:10)

훔치는 마음을 고쳐 주소서
(도벽이 있는 아이를 위한 치유기도)

우리의 연약함을 돌보아 주시는 주님, 남의 물건에 손대기 좋아하는 ○○(이)의 마음을 다스려 주옵소서. 친구가 좋은 것을 가지고 있을 때 못견뎌 하며, 그것을 가져다 자기 것으로 삼는 행위를 버리게 하여 주옵소서.

무엇보다 먼저 부모로서 바로 가르치지 못한 것을 회개합니다. 정직하게 사는 것이 행복임을 ○○(이)에게 보여주지 못했습니다. 입으로는 정직을 말하나 행동으로는 부정직하게 살았음을 고백합니다. 아울러 ○○(이)가 남의 재산을 존중히 여기지 않을 때 그것을 따끔하게 혼내지 못한 것 또한 용서해 주옵소서.

주님, ○○(이)의 연약한 의지를 붙잡아 주옵소서. 홀로 있을 때, 갖고 싶은 물건을 보았을 때 그 마음을 제어하여 주옵소서. 탐심의 충동에 노예가 되지 않도록 그 마음을 붙들어 주옵소서. 또한 주님, ○○(이)에게 친구의 복을 주옵소서. 아이의 주변에 정직한 친구들을 많이 많이 두셔서 선함을 배우게 하옵소서. 욕심스러운 손이 변해 선행과 구제하는 착한 손이 되기를 원합니다.

예수님의 이름으로 기도합니다. 아멘.

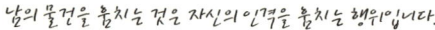

남의 물건을 훔치는 것은 자신의 인격을 훔치는 행위입니다.

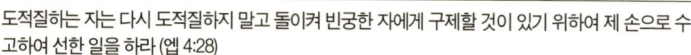

도적질하는 자는 다시 도적질하지 말고 돌이켜 빈궁한 자에게 구제할 것이 있기 위하여 제 손으로 수고하여 선한 일을 하라 (엡 4:28)